www.ingramcontent.com/pod-product-compliance
Lightning Source LLC
LaVergne TN
LVHW010556070526
838199LV00063BA/4988
9789358724721

اردو افسانہ اور عہدِ جدید

(مضامین)

مبین مرزا

© Mubeen Mirza

Urdu Afsana aur Ahd-e-Jadeed (Essays)
by: Mubeen Mirza
Edition: March '2024
Publisher :
Taemeer Publications LLC (Michigan, USA / Hyderabad, India)

ISBN 978-93-5872-472-1

مصنف یا ناشر کی پیشگی اجازت کے بغیر اس کتاب کا کوئی بھی حصہ کسی بھی شکل میں بشمول ویب سائٹ پر اَپ لوڈنگ کے لیے استعمال نہ کیا جائے۔ نیز اس کتاب پر کسی بھی قسم کے تنازع کو نمٹانے کا اختیار صرف حیدرآباد (تلنگانہ) کی عدلیہ کو ہوگا۔

© مبین مرزا

کتاب	:	**اردو افسانہ اور عہدِ جدید** (مضامین)
مصنف	:	**مبین مرزا**
صنف	:	غیر افسانوی نثر
ناشر	:	تعمیر پبلی کیشنز (حیدرآباد، انڈیا)
سالِ اشاعت	:	۲۰۲۴ء
صفحات	:	۹۶
سرورق ڈیزائن	:	تعمیر ویب ڈیزائن

فہرست

(۱) اکیسویں صدی میں جدید اردو افسانے کے تخلیقی نقوش 6

(۲) عہد جدید اور انسانی احساس کی صورت گری 42

(۳) ہم کہاں قسمت آزمانے جائیں 65

اکیسویں صدی میں جدید اردو افسانے کے تخلیقی نقوش۔۔۔

— ا —

اکیسویں صدی کے ابتدائی دس بارہ برسوں کے اردو ادب کے تجزیے کا یہ سوال بالعموم اور افسانے کے جائزے کا بالخصوص کئی اعتبار سے غور طلب اور اہم ہے۔ سبب اس کا یہ ہے کہ انسانی تاریخ کی یہ صدی اپنی کیفیت، رجحان اور آثار کا بالکل الگ نقشہ اپنے اوائل ہی سے ہمارے سامنے لاتی ہے۔ اس کے ابتدائی برسوں میں رونما ہونے والے انسانی مسائل کو دیکھتے ہوئے آج اس حقیقت کو سمجھنا ایسا دشوار نہیں کہ یہ نقشہ در اصل اُنھی خواہشوں اور خوابوں کی عملی تعبیر سے ترتیب پا رہا ہے جن کا اظہار پہلے بیسویں صدی کی دوسری عالمی جنگ میں ہیروشیما اور ناگاساکی پر بہیمانہ بمباری سے ہوا اور اس کے بعد پانچویں دہائی میں اسرائیل میں صہیونی بستیوں کی نئی آبادکاری سے ہوتے ہوئے نویں دہائی کے اواخر میں سوشلسٹ نظام کے انہدام تک بتدریج جن کی صورت واضح ہوئی تھی۔

اس کے بعد نیو ورلڈ آرڈر کی اصطلاح وضع ہوئی جس کی گونج گزشتہ صدی کے آخری عشرے میں چار دانگ عالم میں سنی گئی۔ جڑواں ورلڈ ٹریڈ ٹاورز کی تباہی سے، افغانستان اور پھر عراق پر امریکہ کی یورش اور لیبیا اور مصر کے بعد اب شام میں حکومتوں کی تبدیلی میں پس پردہ کام کرنے والے سی آئی اے، ورلڈ بینک اور آئی ایم ایف جیسے

اداروں کے کردار اور اس صدی کے بارہویں برس کے اختتام تک پاکستان میں جاری امریکی ڈرون حملوں تک نیو ورلڈ آرڈر کی اصطلاح اپنے معانی تہ در تہ منکشف کیے جاتی ہے۔ یہ کہنا غلط نہ ہو گا کہ آج ہم انسانی تاریخ کی اس صدی میں جی رہے ہیں جو ایک طرف تسخیرِ کائنات اور انسانی امنگوں کی تکمیل میں ماقبل زمانوں سے ہزار فرسنگ آگے ہے تو دوسری طرف فطرت اقتدار میں ظاہر ہونے والی وحشت، بربریت اور سفاکی کے لحاظ سے بھی تاریخِ عالم کا کوئی دوسرا دور عصرِ حاضر سے آنکھ ملانے کی تصور تک نہیں کر سکتا۔

چنانچہ اس دور میں عامۃ الناس کی تالیفِ قلب ہی کے لیے نہیں بلکہ انسانی تمدن کی تاریخ کے سفر کو باطل ہونے سے بچانے اور انسانیت پر اپنے اعتبار کو قائم رکھنے کے لیے بھی تہذیبی اوضاع اور ثقافتی مظاہر پر نگاہ رکھنا ناگزیر ہے۔ جملہ فنونِ لطیفہ اور خصوصاً ادب کے توسط سے ہمیں یہ نگاہ فراہم ہی نہیں ہوتی بلکہ نگاہ رکھنے میں بھی یہ ہماری کفالت کرتے ہیں۔ چنانچہ اکیسویں صدی کے ان دس بارہ برسوں میں ادب کی صورت حال کا جائزہ اسی طرح کی ایک بامعنی کوشش سے عبارت ہو گا۔ یہ کوشش اس لحاظ سے بھی اہم اور معنی خیز ہو سکتی ہے کہ اس کے ذریعے ہمیں اپنے ادب اور اس کی عصریت ہی کو دیکھنے اور سمجھنے کا موقع نہیں ملے گا، بلکہ اس کے ساتھ ساتھ انسانی طرزِ احساس کے زمین میں جڑ پکڑنے والے رجحانات کا شعور بھی ہم حاصل کر سکتے ہیں۔ جو آج اس کے قلب و نظر کی فضا کو متغیر کر رہے ہیں اور جن کے توسط سے آنے والے ادوار کے انسانی مزاج کی بھی کسی نہ کسی درجے میں پیش بینی کی جا سکتی ہے۔ یوں اس مطالعے اور تجزیے کی بنیاد پر ہمیں اپنے امروز ہی کے نہیں، فردا کے خط و خال کا بھی اندازہ ہو پائے گا اور یہ اندازہ مستقبل کی انسانی صورت حال کے بہتر شعور کی بنیاد بن سکتا ہے۔

ادب کا معاملہ یوں تو افراد، اشیاء، عناصر اور عوامل کے براہ راست اظہار سے نہیں ہوتا، لیکن وہ جو ناول اور افسانہ کی بابت کہا جاتا ہے کہ یہ ایک سطح پر زندگی نامہ ہوتے ہیں، اس رو سے دیکھا جائے تو اس دورانیے کے ادب اور بالخصوص افسانے کی صورت حال ہمیں اس عہد میں انسانی زندگی میں پیدا ہونے والے ارتعاشات کی نوعیت، کیفیت اور اس عہد کے انسان کے دل و دماغ پر اُن کے اثرات سے آگاہ کر سکتی ہے۔ اس طرح ہمیں یہ سمجھنے میں مدد ملے گی کہ اس عہد میں انسانی تہذیب و تمدن کے مظاہر کے عقب میں، در اصل کون سے محرکات کارفرما ہیں۔ اس کے ساتھ ہمیں اس نوع کے مطالعے کے توسط سے یہ بھی جاننے اور سمجھنے کا موقع مل سکتا ہے کہ نئے انسان کے ذہنی رجحانات اور اس عہد کی سماجی اقدار کی تشکیل میں کون سے عناصر کس نوع کا کردار ادا کر رہے ہیں۔ نتیجتاً ہم یہ بھی جان سکتے ہیں کہ آج کے انسان کا شعور کن تغیرات سے گزرا ہے اور اس کے احساس کا منطقہ اب کس حد تک اُس کے تجربات سے روشن ہے، اور یہ بھی کہ شعور و احساس کے مابین ترسیل و ابلاغ کا عمل عہدِ جدید کے انسان کی زندگی میں کس نہج اور کس سطح پر ہو رہا ہے۔ غرض یہ اور ایسے ہی کچھ اور سوالوں کی تفتیش اس مطالعے کے ذریعے کی جاسکتی ہیں۔

تاہم اس موضوع پر کام کرنے سے قبل ہمیں اس بات پر بھی غور کر لینا چاہئے کہ کیا اس تفتیش کے ذریعے حاصل ہونے والے نتائج واقعی اور پوری طرح قابل اعتبار ہوں گے ؟ اس سوال کا جواب اگر واضح طور پر اور کلیتاً نفی میں نہ ہو تو اس کے ساتھ ہی ساتھ ہمیں یہ بھی سوچنا چاہئے کہ اس مطالعے سے حاصل کردہ نتائج ہمارے کس کام آئیں گے ؟ یہ دونوں سوال بے حد اہم ہیں اور ہماری اس تفتیش و جستجو کی ضرورت اور اہمیت کا تعین کرتے ہیں۔ دوسرے سوال کا جواب چونکہ سیدھا اور دوٹوک ہے، سو اسی کو پہلے دیکھتے

ہیں۔ اس مطالعے کی بابت، جیسا کہ ہم نے سوچا کہ اس کے ذریعے حاصل ہونے والے نتائج ہمیں اپنے عہد کی انسانی صورت حال کو عقلی، جذباتی اور روحانی سطح پر دیکھنے اور سمجھنے کا موقع فراہم کریں گے، یوں ہم جان پائیں گے کہ آج انسانیت اور اس کی تہذیب کس مرحلے میں ہے اور آئندہ اُسے کیا مراحل پیش آنے جا رہے ہیں۔ گویا اسے ایک لحاظ سے انسانیت اور اس کی اقدار کی بقا کے سوال کی تفتیش کہا جا سکتا ہے۔ اب آیئے پہلے سوال پر۔ ادب اور اس کا کسی بھی طرح کا مطالعہ ہمیں براہِ راست جوابات یا نتائج فراہم نہیں کرتا، کر ہی نہیں سکتا۔ اس لیے کہ یہ ادب کا منشا اور مصرف ہوتا ہی نہیں۔ البتہ ادب سے ہمیں جو کچھ شعور اور احساس کی سطح پر حاصل ہوتا ہے، وہ بے مصرف اور بے اعتبار نہیں ہوتا۔ تاہم یہاں ایک بنیادی نکتے کو ہمیں واضح طور پر سمجھ لینا چاہیئے اور اس کا تعلق ہے ادب کے مخصوص اور محدود زمانی تناظر سے۔

تقویم ماہ و سال کے مختصر ضابطے کو بنیاد بنا کر ادب کے سنجیدہ مسائل اور عمیق رجحانات کا کوئی فکر افروز اور جامع مطالعہ نہیں کیا جا سکتا۔ اس کی وجہ یہ ہے کہ ادب میں رویوں، رجحانات، طرزِ احساس اور اسالیب کی تشکیل اور ظہور کا عمل اپنی خارجی سطح پر خواہ کتنا ہی سادہ نظر آتا ہو، لیکن واقعہ یہ ہے کہ انسانی احساس اور اس کے اظہاری سانچوں کی تہہ میں یہ عمل خاصا پیچیدہ ہوتا ہے۔ تشکیل و ظہور کے اس عمل کے محرکات عام طور سے بہ یک وقت کئی ایک ہوتے ہیں۔ مزید برآں، یہ ضروری نہیں کہ اُن سب کا باہمی تعلق ہو یا اُن میں تطبیق کا رشتہ ہو۔ عین ممکن ہے کہ ان میں کچھ محرکات ایک دوسرے کی ضد پر قائم ہوں اور اس تضاد یا تصادم سے وہ طرزِ احساس پیدا ہو جو کسی رویے، رجحان یا اسلوب کا جواز ٹھہرے۔ چنانچہ ادب میں رجحانات اور اسالیب کی تبدیلی کو سمجھنے کے لیے اُن کے محض خارجی دائرے اور ظاہری سطح پر اکتفا نہیں کرنا چاہیئے، بلکہ

ان کے داخلی عوامل اور تہ نشین عناصر کی تفتیش، تفہیم اور تجزیہ بھی بے حد ضروری ہوتا ہے۔

تو کیا ایک زمانی تناظر کو ادب کے مطالعے کی بنیاد ہی نہیں بنایا جا سکتا؟ یہ سوال یوں بھی کیا جا سکتا ہے کہ اگر ہم کسی خاص عہد کے سیاق میں ادبی رویے، رجحان، طرزِ احساس اور اسلوب کے تغیرات کا مطالعہ کرنا چاہیں تو اس کے مخصوص تقویمی ضابطے کے تعین کے بغیر یہ کیونکر ممکن ہو گا؟ اصل میں یہی بات سمجھنے کی ضرورت ہے۔ واقعہ یہ ہے کہ ادب کے مطالعے میں تقویمی ضابطے یا زمانی تناظر کی ممانعت تو بہر حال نہیں ہے، بلکہ یہ تک تسلیم کرنے میں باک نہیں ہونا چاہئے کہ اس نوع کے مطالعے بھی ایک حد تک اور ایک رخ سے ادب کی تفہیم میں اپنا محدود اور ایک طرح سے مثبت کردار ادا کرتے ہیں۔ اس لیے کہ ان کے ذریعے ادب کے عصری مسائل کا اندازہ کیا جا سکتا ہے اور اس امر کو سمجھا جا سکتا ہے کہ اپنے عہد کی انسانی اور تہذیبی صورتِ حال کے حوالے سے وہ کتنے زندہ سوالوں کا سامنا کر رہا ہے اور انسانی تجربے کی سچائی کو سہارنے کی کتنی سکت رکھتا ہے؟ یہ اُن دو تین بنیادی سوالوں میں سے ایک ہے جو کسی عہد کے ادب کی قدر و قیمت کے تعین میں سب سے پہلے پوچھے یا دیکھے جاتے ہیں۔

گویا زمانی تناظر کا سوال نقدِ ادب کے زمرے میں نہ صرف یہ کہ ممنوعات میں نہیں آتا بلکہ ایک حد تک مفید مطلب بھی ہوتا ہے۔ البتہ جب ہم ادب میں اُن تبدیلیوں کی تفتیش کرتے ہیں جو انسانی شعور میں ہونے والے تغیر کا اظہار کرتی ہیں، یا تہذیبی اوضاع اور اقدار میں تبدل کا اشارہ دینے والے ادبی مظاہرہ کو سمجھنے کی کوشش کرتے ہیں تو ادب کے زمانی تناظر کا سوال ثانوی ہو جاتا ہے۔ اس لیے کہ ایسے سوالوں پر غور کرتے ہوئے وقت کی اکائی مہینوں یا برسوں والی نہیں رہتی بلکہ اس ضمن میں چھوٹی سے چھوٹی اکائی بھی

دہائیوں کے اس کیل پر طے ہوتی ہے۔ یوں تقویمِ ماہ و سال کا ضابطہ ادب کے بڑے سوالوں اور ہمہ گیر رجحانات کو سمجھنے میں کچھ اس طرح مؤثر نہیں رہتا جیسے ادب کے سال بہ سال لیے جانے والے اخباری جائزوں میں۔ تاہم حقیقت احوال کے مکمل اظہار کے لیے یہاں اس امر کی نشاندہی میں چنداں مضائقہ نہیں کہ سالانہ ادبی جائزوں کی بدعت کے فروغ کا سہرا صرف اخبارات کے سر نہیں باندھنا چاہیئے، اس کام میں اُن پروفیسر حضرات کا بھی معتد بہ حصہ ہے جو ادب کی تفہیم کے لئے سال بہ سال دائرے بناتے اور ان میں اپنے پسندیدہ ناموں کے حاشیے چڑھاتے ہیں۔ اُن کے نزدیک ادیبوں، شاعروں کے ناموں کی کھتونی اور کتابوں کے شماریاتی قسم کے حوالے ادب کے بحرِ ناپیدا کنار میں تموج پیدا کرنے والے سوالوں کو نپٹانے کے لیے کافی ہوتے ہیں۔ ہمارے یہاں تنقید میں ابتذال پسندی کا جیسا مظاہرہ ایسے جائزوں اور ایسی ادبی تاریخوں میں دیکھنے میں آتا ہے، وہ ہماری تنقیدی ندامتوں کا ایک الگ باب ہے اور اپنی مثال آپ۔

بہر حال، ہم بات کر رہے تھے، محدود زمانی تناظر کے ادب میں نمایاں ہونے والی تبدیلیوں کی۔ اب تک کی گفتگو سے ہم چند نکات کو واضح طور پر طے کر سکتے ہیں۔ اول، اس نوع کی تبدیلیاں ادب کی سطح پر دیکھی جا سکتی ہیں۔ دوم، ان سے کچھ نتائج بھی اخذ کیے جا سکتے ہیں، جو بذاتہ قابلِ اعتبار بھی ہوں گے۔ سوم، اس لیے انہیں عصری انسانی احوال اور تہذیبی اقدار کے دائرے میں ظاہر ہونے والے تغیر کو سمجھنے کا ذریعہ بھی بنایا جا سکتا ہے۔ چہارم، یہ تبدیلیاں عصری شعور اور زمانے کے مسائل کے ادراک کے لیے مفید ہو سکتی ہیں، لیکن انہیں ادب و تہذیب کے مجموعی ضابطے میں رونما ہونے والی تبدیلی کی تفہیم کی بنیاد نہیں بنایا جانا چاہیئے اور نہ ہی انہیں قائم بالذات اقدار پر حکم بنایا جانا چاہیئے۔

یہاں ضمناً اور بر سبیل تذکرہ اس امر کا اظہار بے محل نہ ہو گا کہ اکیسویں صدی میں ادب کی صورت حال کے اس مطالعے کا مقصد ادیب سے کسی طرح کے مطالبے کا اظہار ہر گز نہیں ہے۔ اس لیے کہ اس مطالعے اور جائزے کے ذریعے ادیب کو ایسا کوئی چارٹر آف ڈیمانڈ پیش نہیں کیا جا رہا ہے کہ اُسے بہر صورت اپنے زمانے اور اُس کے مسائل سے اپنی وابستگی کا اظہار کرنا ہے، یا پھر یہ کہ اُسے ثابت کرنا ہے کہ اُس کے عہد کے حالات نہ صرف اُس کی نظر میں ہیں، بلکہ اُن کے بارے میں وہ سنجیدگی سے سوچتا اور انھیں ہر ممکن اپنے فن کا حصہ بناتا ہے، تاکہ یہ امر پایۂ ثبوت کو پہنچے کہ وہ ایک زندہ اور سنجیدہ ادیب ہے۔ واقعہ یہ ہے کہ راقم الحروف نہ صرف یہ کہ اس انداز سے اور ان اصطلاحوں میں خود سوچتا نہیں، بلکہ وہ ایسے کسی بھی فرمائشی پروگرام کو سراسر لغو سمجھتا ہے۔

اس کی وجہ یہ ہے کہ ادب حالات، سماج یا حکومت یا کسی سیاسی و نظریاتی پارٹی لائن کے خارجی مطالبے پر تخلیق نہیں کیا جا سکتا۔ یہ تو سراسر کسی تخلیق کار کا داخلی اور فطری داعیہ ہوتا ہے جو اُس کے فن اور نگارش کا جواز بنتا ہے۔ پارٹی لائن یا خارجی مطالبے پر جو کچھ پیش کیا جاتا ہے، اُس کا معتد بہ حصہ trash کی صورت میں سامنے آتا ہے اور بالآخر تاریخ کے کوڑے دان میں جگہ پاتا ہے۔ اس لیے کہ اُس کی نہاد میں فن کار کے داخلی تقاضے اور باطنی احساس کا وہ لمس نہیں ہوتا جو کسی تحریر کو ادب بناتا ہے اور دیگر سماجی اور افادی نوع کی تحریروں سے الگ کرتا ہے۔ اس کی سب سے بڑی مثال ترقی پسند تحریک اور اس کی پارٹی لائن کے زیر اثر پیش کیا جانے والا وہ تحریری انبار ہے جسے کبھی ادبِ عالیہ کے غلغلے کے ساتھ ابھارا جاتا تھا لیکن پھر وقت کے عمل نے اُسے ایسا کوڑا ثابت کیا کہ آج اُس کی طرف کسی کی اچٹتی ہوئی نگاہ بھی نہیں جاتی۔ استثنیٰ کے اصول کا اطلاق ترقی

پسندوں پر بھی ہوتا ہے، پر یہ وہ لوگ ہیں جنھوں نے اپنی داخلی آواز اور سچے انسانی اور فنکارانہ احساس کو اپنے فن میں ڈھالا۔ فیض کی شاعری، عزیز احمد کے فکشن اور سجاد ظہیر کے مطالعۂ بیدل کو ایسے ادب کی مثالوں کے طور پر پیش کیا جاسکتا ہے۔

خاطر نشان رہے کہ یہاں ادب اور ادیب کے عصری رجحان کی نفی بھی کسی طور پر مقصود نہیں۔ ہر عہد کا ادب اپنی عصریت کی بھی ایک جہت رکھ سکتا، بلکہ رکھتا ہے — اور اس میں چنداں مضائقہ نہیں۔ ایک سطح پر تو بلکہ اس کی اپنی اہمیت سے بھی انکار نہیں کیا جاسکتا۔ چنانچہ یہاں صرف اس امر کا اظہار مقصود ہے کہ کوئی مخصوص زاویہ اور محدود دائرہ مقرر کرکے ادب تخلیق کرنے یا اپنے وقت کے فیشن کا بار ڈھوتی تحریروں کو ادب کے نام پر پیش کرنے سے ادب کو بذاتہ گزند پہنچتی ہے، وہ یوں کہ اس طرح اس کی سطح پست اور تاثر مبتذل ہو جاتا ہے۔

٭٭

—۲—

اب آیئے اکیسویں صدی کے ان دس بارہ برسوں میں تخلیق کیے گئے افسانوی ادب کے مطالعے اور جائزے کی طرف۔ اس ضمن میں ہمارا پہلا سوال یہ ہے کہ اگر ہم یہ جاننا اور دیکھنا چاہیں کہ اس عرصے میں افسانوی ادب کے اہم رجحانات کیا رہے ہیں اور آیا وہ موضوعاتی، اسلوبیاتی اور فکری سطح پر کسی طرح کی تبدیلیوں کا اظہار کر رہا ہے؟ اگر ایسا ہے تو پھر اہم رجحانات یا تبدیلیوں کو جاننے اور سمجھنے کا طریقہ کیا ہوگا؟ اس کے دو طریقے ہو سکتے ہیں۔ پہلا یہ کہ جس عہد کے ادب کا مطالعہ مقصود ہو، اُس کے نمائندہ ادیبوں کے کام کو، یعنی اس عرصے میں شائع ہونے والی اُن کی کتابوں کو فرداً فرداً سامنے رکھا جائے اور

دیکھا جائے کہ براہ راست اور نسبتاً آسان نوعیت اور اسلوب کی سطح پر کس قسم کی تبدیلیوں کا سراغ دیتی ہیں۔ یہ کام براہ راست اور نسبتاً آسان نوعیت کا ہے۔ دوسرا طریقہ یہ ہو سکتا ہے کہ اس مطالعے کے لئے افراد کے بجائے ان مسائل، عناصر، عوامل اور محرکات کو دیکھنے اور سمجھنے کی کوشش کی جائے اور اُن پر اس تجزیے کی بنیاد رکھی جائے جو اُس عہد کے ادب میں اسالیب، بیانیے، موضوعات، اشارات، علامات، کنایات اور استعارات وغیرہم میں کسی نہ کسی سطح پر تغیر و تبدل کا باعث بنے ہیں، اور یہ سمجھنے کی کوشش کی جائے کہ وہ اس عہد کے انسانی شعور پر کس طرح اثر انداز ہوئے ہیں اور ان کے اثرات کا اظہار انفرادی اور اجتماعی زندگی میں کس طور منعکس ہوا ہے۔

یہ کام ذرا پیچیدہ اور قدرے دشوار تو بے شک ہے لیکن سچی بات یہ ہے کہ دیکھا جائے تو اصل میں یہی وہ طریقہ ہے جو ہمیں پورے ایک عہد کو اس کی کلیت میں بہ یک وقت عقلی، جذبی اور روحانی جہتوں کے ساتھ سمجھنے کا موقع فراہم کر سکتا ہے۔ اس طرح ہم ایک عہد کے اجتماعی شعور، اس کے تہذیبی ضمیر اور روحِ عصر سے آگہی حاصل کر سکتے ہیں۔ یہیں نہیں بلکہ غور کیا جائے تو فطرت انسانی کو انفرادی درجے سے لے کر اجتماعی دائرے تک بہ یک ساعت گرفت کرنے کا مؤثر منہاج بھی یہی ہو سکتا ہے۔ سو اس مضمون میں مؤخر الذکر طریقے ہی کو بروئے کار لاتے ہوئے اکیسویں صدی کے عشرۂ اولیں میں اردو افسانے کی صورتِ حال، فکری مسائل اور اسلوبیاتی تجربات کو سمجھنے کی کوشش کی جائے گی، تاکہ یہ دیکھا جاسکے کہ اس زمانی تناظر میں ہم عصر اردو افسانے کے تخلیقی نقوش کس نہج پر اُجاگر اور کس درجہ روشن ہو کر سامنے آتے ہیں۔

اکیسویں صدی کا آغاز ہی، جیسا کہ عرض کیا گیا، دہشت، بربریت، اور جنگ و جدل سے ہوا۔ تاہم اس حقیقت کو فراموش نہیں کیا جانا چاہئے کہ افراد کی طرح ادوار یا زمانے

بھی isolation میں ظہور نہیں کرتے اور نہ ہی اُن میں رونما ہونے والی تبدیلیاں آناً فاناً یا شب آفریدہ ہوتی ہیں۔ افراد کے رویوں کی طرح زمانے کا مزاج بھی مختلف عوامل کے زیر اثر اور درجہ بدرجہ ترتیب پاتا اور تبدیلی کو ظاہر کرتا ہے۔ لہٰذا اکیس ویں صدی کے اولین عشرے کے سیاسی، تہذیبی اور سماجی رجحانات جو آج کی انسانی زندگی پر اثر انداز ہو رہے ہیں یا اُس کی صورت گری کر رہے ہیں، اُنہیں اس وقت تک بہتر انداز سے سمجھا ہی نہیں جا سکتا جب تک گزشتہ صدی کی کم سے کم دو دہائیوں کے حقائق ہمارے پیش نظر نہ ہوں۔ کچھ ایسی ہی صورتِ حال ادب کے مطالعے کے ضمن میں بھی ملحوظِ خاطر رہنا ضروری ہے۔ چنانچہ اکیسویں صدی میں ادب کی کسی صنف میں ہونے والے کام کا مطالعہ کرتے ہوئے ہمیں بیسویں صدی کے آخری برسوں کو بھی نگاہ میں رکھنا ہوگا۔

اس تناظر کو پیش نظر رکھتے ہوئے ہم جان پاتے ہیں کہ یہ وہ زمانہ ہے جب ایران انقلاب سے گزر چکا، روس افغانستان سے برسوں جنگ میں رہنے کے بعد بالآخر شکست تسلیم کر چکا، بلکہ یوں کہنا چاہیے کہ روس کے گھٹنے ٹیکنے کے بعد افغان قبائل اب آپس میں طاقت کے کھیل میں مصروف ہو چکے، عراق کی کویت پر مسلح جارحیت بھی اپنے منطقی نتائج کو پہنچی، سوشلسٹ روس جو دنیا کی دوسری بڑی طاقت تھی اور نظامِ عالم میں کسی نہ کسی طور اس کا طاقت کے توازن میں ایک کردار بھی تھا، اب اُس کے انہدام کے بعد دنیا یک قطبی ہو چکی اور ایران امریکہ کے مابین حربی قوتوں کا ٹکراؤ ختم ہوا۔ یہاں قابلِ توجہ بات یہ ہے کہ یہ واقعات برسوں پرانے ہو چکے، لیکن اقوامِ عالم کی صورتِ حال بتا رہی ہے کہ ان کے اثرات کا دائرہ گزرتے وقت کے ساتھ ساتھ کم ہونے کے بجائے بڑھتا چلا گیا ہے۔

اسی دوران پاکستان چاغی میں چھ ایٹمی دھماکے کر کے اپنے ایٹمی قوت ہونے کا اعلان

بھی کر ڈالتا ہے۔ جنوبی ایشیا میں ممالک کی اسٹریٹجک پوزیشن اور عالمی طاقتوں کے مفادات نے پہلے ہی یہاں کے حالات دگرگوں کیے ہوئے تھے۔ ان دھماکوں کے نتیجے میں ہندوستان پاکستان کے مابین صورتِ حال، جو پہلے بھی اچھی نہ تھی، اب تو باقاعدہ اور سخت کشیدہ ہے۔ ایسے میں یہ دونوں ممالک ہی نہیں بلکہ عالمی برادری بھی جنگ کے بادل منڈلاتے ہوئے دیکھ رہی ہے۔ یہی نہیں، حالات کا دباؤ یہ خطرہ بھی محسوس کرارہا ہے کہ اب چھڑنے والی جنگ محض مقامی یا علاقائی نہیں ہوگی، اس کے عالمی جنگ میں تبدیلی ہونے کا خاصا امکان ہے، اور خوف یہ کہ ایسا ہوا تو یہ دونوں عالمی جنگوں سے بدرجہا مہلک اور تباہ کن جنگ ہوگی، اس لیے کہ جوہری ہتھیار اب دونوں طرف ہیں۔

یہ وہ مرحلہ ہے جب ہم اپنے ادب اور خصوصاً افسانے میں ایک بار پھر ادیب کی سماجی ذمے داری اور عصری تقاضوں کے شعور کو پوری طرح بیدار ہوتے اور بروئے کار آتے ہوئے دیکھتے ہیں۔ افسانہ نگاروں کی صفِ اول سے انتظار حسین کا افسانہ "مورنامہ" شائع ہوتا ہے۔ حکایت اور علامت کے امتزاج سے تخلیقی اسلوب پانے والا یہ افسانہ جنگ اور اس کے زیرِ اثر تخریبی سائیکی کو موضوع بناتا ہے۔ انسان کے اندر تخریب اور شر کے عنصر کی نشاندہی کرتا ہے اور اُن حالات کو بیان کرتا ہے جن کے دباؤ میں جنگ کرنے والے کسی مرحلے پر رُک کر تحمل سے وقت کی ضرورت اور احوال کی نزاکت کو سمجھنے کی صلاحیت سے عاری ہوتے چلے جاتے ہیں۔ تب ورثہ، عزت، راحت کچھ باقی نہیں بچتا۔

جنگ آدمی کو کیا سے کیا بنادیتی ہے۔ اشوتتھاما کو دیکھو اور عبرت کرو۔ درونا چاریہ کا بیٹا۔ باپ نے وہ عزت پائی کہ سارے سورما کیا کورو کیا پانڈو، اس کے سامنے ماتھا ٹیکتے تھے، چرن چھوتے تھے۔ بیٹے نے باپ سے ورثے میں کتنا کچھ پایا مگر یہ ورثہ اسے پچا نہیں۔ اس جنگ کا سب سے ملعون آدمی آخر میں یہی شخص ٹھہرا۔

اس ذلت اور ندامت کا اہم ترین سبب جنگ کی وہ مخصوص فضا اور اس کے زیر اثر روبہ کار آنے والی سائیکی ہے جس کا شدید ترین اظہار، فتح و شکست سے قطع نظر جنگ کے اُن لمحات میں ہوتا ہے، جو فیصلہ کن یا نتیجہ خیز ہوتے ہیں۔ بقول انتظار حسین:

جنگ کے آخری لمحوں سے ڈرنا چاہئے۔ جنگ کے سب سے نازک اور خوف ناک لمحے وہی ہوتے ہیں۔ جیتنے والے کو جنگ کو نمٹانے کی جلدی ہوتی ہے۔ ہارنے والا جی جان سے بیزار ہوتا ہے تو وہ خوف ناک ہتھیار جو بس دھمکانے ڈرانے کے لیے ہوتے ہیں آخری لمحوں میں استعمال ہوتے ہیں۔ پھر بے شک شہر جل کر ہیروشیما بن جائے دل کی حسرت تو نکل جاتی ہے۔ جنگ کے آخری لمحوں میں دل کی حسرت کبھی جیتنے والا نکالتا ہے، کبھی ہارنے والا۔ کروکشیتر میں آخر میں دل کی حسرت اشو تتھاما نے نکالی اور برہم استر پھینک مارا۔

جنگ، اُس کی کیفیت اور اثرات پر گزشتہ بارہ پندرہ برسوں میں ہمارے متعدد لکھنے والوں نے توجہ کی ہے۔ موضوع کی اہمیت اور وقت کی ضرورت اپنی جگہ تاہم ادب کے سروکار اور اس کے طریقِ اظہار دونوں ہی سطحوں پر ہم دیکھتے ہیں کہ ایک مستقل نوعیت کی شے بنیاد میں کارفرما ہوتی ہے۔ مراد یہ ہے کہ مسئلہ چاہے کتنا ہی time binding کیوں نہ ہو، ادب میں بیان کی سطح پر آتے ہوئے اس کا timeless عنصر بہر حال نمایاں ہو جاتا ہے۔ دراصل یہی وہ شے ہے جو صحافتی رپورٹنگ اور ادب کے مابین امتیاز قائم کرتی ہے۔ یہی وجہ ہے کہ خبر پرانی ہو کر obsolete اور کبھی تو مضحکہ خیز یا گمراہ کن ہو جاتی ہے، جبکہ ادب نہ صرف یہ کہ پرانا ہو کر بیکارِ محض نہیں ہوتا، بلکہ اکثر و بیشتر دیکھا گیا ہے کہ بڑے ادب کی معنوی تہیں آنے والے ادوار میں کھلتی ہیں جو بعد کے زمانوں سے اُس کی relevance کو اجاگر کرتی ہیں۔ خیر، ہم بات کر رہے تھے عصرِ حاضر

میں جنگ اور اُس کے اثرات و کیفیات کے حوالے سے لکھے گئے افسانوں کی۔ یہاں اس موضوع پر لکھے گئے، تمام افسانوں کا جائزہ نہ تو ممکن ہے اور نہ ہی اُس کی ضرورت ہے۔ اس لیے کہ ہم اس موضوع کے ضمن میں اردو افسانے کا اشاریہ مرتب نہیں کر رہے۔ ویسے بھی یہ کام تنقید کا نہیں ہے، ہاں مدرسین نقادوں اور محققوں کو اس سے دلچسپی ہو سکتی ہے۔ تنقید تو ایک عہد کی ذہنی کیفیت کو اس کے اظہار کی اعلیٰ سطحوں پر دیکھتی ہے اور اُن کی بابت کلام کرتی ہے۔ سو ہم اس ضمن میں دو ایک افسانہ نگاروں کی نگارشات پر اور نگاہ ڈالتے ہوئے آگے چلیں گے۔

اس صدی کی ابتدائی دہائیوں میں جنگ کے حوالے سے جیلانی بانو کا افسانہ "عباس نے کہا" بھی غور طلب ہے۔ اس کا ایک سبب تو یہ ہے کہ اس افسانے کے ڈسکورس میں جنگ کے دونوں معانی روشن کئے گئے ہیں، ایک جسے ہم جنگی جنون اور انسان دشمنی کہیں گے اور دوسرا بقا اور مقاومت کا سوال۔ دیکھا جائے تو کسی بھی جنگ کے یہ دونوں پہلو بیک وقت غور طلب ہوتے ہیں۔ ایک فریق غلبے کی خواہش کے ساتھ بربریت کا اظہار کرتا ہے، جبکہ دوسرا ایسا اوقات نخواہی اس جنگ کا حصہ بنتا ہے کہ اُس کے پاس اب بقا کا ایک ہی راستہ رہ جاتا ہے —یہ کہ وہ مغلوب نہ ہو۔ جیلانی بانو کے افسانے کی فضا میں جنگ کی قیمت چکاتے ایک کردار (عباس) کا یہ فقرہ "بش نے میرے ہاتھ کاٹ دیے ہیں، مگر میں اُسے لات مار سکتا ہوں۔" دراصل بقا کے سوال سے جڑی مقاومت کی ضرورت کا اظہار ہے۔ اپنے مکانی تناظر میں یہ افسانہ عراق کی سرزمین کا نقشہ ابھارتا ہے جہاں یک قطبی دنیا کی بدمست سپر پاور نے جھوٹ اور فریب کو بنیاد بنا کر جنگ مسلط کی تھی۔ تاہم افسانہ نگار کی فنی گرفت اسے دوسری طرف ایران کے مذہبی و ثقافتی منظر نامے سے بھی مربوط کرتی ہے، بلکہ یہ کہنا چاہیئے کہ ارضِ خدا کے ہر اُس گوشے سے مربوط کرتی ہے جہاں

مذہب اور اُس کی پاسداری کا احساس تصورِ حیات کا جزوِ اعظم ہے۔ اس افسانے میں کردار اور اُن کا مزاج انہیں کربلا کی تلمیحاتی، تشبیہاتی اور استعاراتی فضا سے بھی جوڑ دیتا ہے اور یوں اس افسانے کی معنویاتی توسیع ہو جاتی ہے۔ ویسے کربلا جیلانی بانو کے یہاں ایک اہم اور مستقل حوالے کا درجہ رکھتا ہے۔ اُن کے ایک اور افسانے "دشت کربلا سے دور" میں بھی یہ حوالہ ایک معاشرے میں سول وار کی صورت حال کو استعاراتی سطح پر خوبی سے بیان کرتا ہے۔

امریکہ عراق جنگ (حالانکہ اسے امریکہ کی عراق پر جنگی جارحیت کہا جانا چاہئے) کے پس منظر خالدہ حسین کا افسانہ "ابن آدم" بھی تخلیقی اور فکری دونوں لحاظ سے ایک اہم اور غور طلب بیانیہ ہے۔ سرتاسر سیاسی مزاج رکھنے والے اس موضوع کو خالدہ حسین نے ایسی فنکارانہ چابکدستی سے پیش کیا ہے کہ افسانے کے پورے بیانیے میں جنگ کے حالات اور اُن کے تحت انسانی مسائل میں جان لیوا اضافے اور انسانی احساس میں ہولناک توڑ پھوڑ کرنے والے عوامل سے ہماری توجہ ہٹنے ہی نہیں پاتی۔ خالدہ حسین نے بہت کامیابی سے ان عوامل کے دباؤ کے تحت انسانوں کی ہونے والی کایا کلپ کو موضوع بنایا ہے۔ چنانچہ ہم دیکھتے ہیں کہ وہ کردار جن کا سیاست سے کوئی تعلق ہے اور جو نہ ہی کسی طرح کی حربی سرگرمیوں میں ملوث ہیں، حالات کا جبر اور اندوہناک معاشرتی و ذاتی تجربات ایک سفاک قوت کی طرح دھکیلتے ہوئے انہیں لے جاتے ہیں اور پھر جنگ سے نفرت کرنے والے ہی لوگ جنگ کا ایندھن بننے پر خود بہ رضا و رغبت تیار ہو جاتے ہیں۔

ابوحمزہ اس روز اپنے آپ کو خودکش حملے کے لیے تیار کر رہا تھا۔ لیلیٰ اور قدوس بھی وہیں تھے۔ وہ اس تباہ شدہ عمارت کی چھوٹی سی کوٹھری میں تھے جو ملبے میں گھری نظروں سے اوجھل تھی۔ اس روز وہ بڑی مشکل سے روٹی کے چند پھپھوندی لگے ٹکڑے کوڑے

کے ڈھیر پر سے چن کر لایا تھا۔ وہاں سب اپنے اپنے ٹکڑے ٹھونگنے کی کوشش کر رہے تھے۔

لیلیٰ کے رخسار پر ایک لمبا گہرا شگاف تھا۔ ایک بم دھماکے میں شیشے کا ٹکڑا پیوست ہو گیا تھا۔ ابو حمزہ نے اپنی ڈائی سیکشن کی چمٹی سے اسے نکالا تھا۔ لیلیٰ کے ہاتھ تکلیف کی شدت سے بالکل برف ہو رہے تھے اور پورا جسم کانپ رہا تھا۔ اس روز اس کے باپ اور چھوٹی بہن ہنکا کر لے جائے گئے تھے۔ حالانکہ وہ سب در اصل ابو حمزہ اور لیلیٰ کی تلاش میں تھے۔ دہشت گردی کے نام پر محلے کے زندانوں میں ٹھونس دیے گئے تھے۔ اس سے پہلے انہیں کب خبر تھی کہ زندان آبادیوں سے زیادہ بڑے ہیں۔ یوں بھی ان کے نزدیک جانے کی کسی کو اجازت نہ تھی۔

ابو حمزہ نے پھپھوندی لگی روٹی کی ایک چٹکی منہ میں ڈالی اور اسے ابکائی آگئی۔

" اس میں تمام بیکٹیریا بھرے ہیں۔ اس سے مرنے سے بہتر ہے کہ آدمی بہتر موت کا انتخاب کرے۔"

جبر کو جان لیوا بنانے اور زندگی کو تذلیل کی پستی تک پہچانے والے یہی وہ حالات ہوا کرتے ہیں جو آدمی کے اندر اتنا دھواں بھر دیتے ہیں کہ پھر موت اُس کے لیے ایک بہتر انتخاب بن جاتی ہے۔ خالدہ حسین کے یہاں اول تو سیاست اور اُس کے عوامل و اثرات سے دلچسپی ہمیں زیادہ نظر نہیں آتی۔ پھر یہ بھی ہے کہ اگر یہ موضوع اس سے پہلے اُن کے یہاں آیا ہے تو انہوں نے اسے اپنے علامتی اسلوب میں اس طرح ڈھالا ہے کہ اس کا اظہار معنویت کے ایک الگ ہی دائرے میں ہوا ہے۔ اس افسانے میں لیکن ہم دیکھتے ہیں کہ سیاست اور جنگ کا موضوع انہوں نے سماجی حقیقت نگاری اور راست بیانیہ کے ساتھ اختیار کیا ہے۔ فنی لحاظ سے یہ اُن جیسے فن کار کے لیے تو تلوار کی دھار پہ چلنے کے مترادف

ہے، لیکن یہاں اُن کا فن جس سلامت روی اور معنی آفرینی کا ثبوت دیتا ہے، وہ مثال کے درجے کی بات ہے۔ انہوں نے اس افسانے میں اپنے فن کارانہ تجربے اور نفس انسانی کی غیر معمولی آگہی سے نہایت خوبی سے کام لیا ہے۔ زندگی اور موت کے بیچ حد فاصل کے مٹنے اور ترجیحات کے بدلنے کا یہ منظر دیکھئے:

اس وقت لیلیٰ اپنی کمر کے گرد وہ بیلٹ باندھ رہی تھی۔ "مگر اس سے حاصل کیا ہو گا۔ تم خود اور کچھ وہ... اور یہ بھی معلوم نہیں کہ وہ کیسے اور کتنے؟ ہو سکتا ہے کہ وہ کوئی دوسرے بے فائدہ قسم کے لوگ ہوں جو اس دھماکے کی لپیٹ میں آجائیں اور سب سے بڑھ کر تمہاری بہن اور بابا کو اس کا کچھ فائدہ نہ ہو گا؟" اس نے لیلیٰ سے کہا تھا۔

"ان کو تو اب کسی بات سے کچھ فائدہ نہیں پہنچ سکتا۔" لیلیٰ نے جواب دیا تھا۔ "مجھے معلوم ہے اب سکینہ اگر زندہ ہے تو کس حال میں ہو گی اور میرا باپ...!" وہ خاموش ہو گئی۔

"کیا تم چاہو گے کہ میرا بھی وہی حال ہو جو سکینہ کا ہوا؟"

"نہیں نہیں!" اس نے فوراً کہا تھا اور پھر خود اٹھ کر اس کی ڈیوائس سیٹ کرنے لگا۔ لیلیٰ بالکل پر سکون تھی۔ اس نے اس کا ہاتھ اپنے دونوں ہاتھوں میں لے لیا۔ اس وقت اس میں ایک نرم گرماہٹ تھی۔ اس کی بھوری آنکھیں اور بھی گہری نظر آرہی تھیں۔

اس افسانے کی ایک اور بہت اہم فنی جہت یہ ہے کہ حالات کے بدلتے ہوئے رُخ کے ساتھ افسانے کے کرداروں میں زندگی کی خواہش اور جینے کے تصور میں تبدیلی، دونوں چیزیں ایک سطح پر باہم مربوط ہو جاتی ہیں۔ خالدہ حسین نے حالات کے جبر میں انسانی نفسیات کے ردِ عمل کی مختلف صورتوں کا اظہار بڑی عمدگی سے کیا ہے۔ چنانچہ افسانے میں اگر ایک طرف لیلیٰ کے دل میں اُس کے اہل خانہ کے الم ناک انجام سے

زندگی کی لایعنیت کا خیال حب وطن اور مقصدیت کے جذبے کے ساتھ مل کر پروان چڑھتا ہے تو دوسری طرف ہمیں امین کا کردار بھی ملتا ہے، جسے محبت اور رومان کی ناکامی، حسد اور بغض کے جذبات اور جینے کی تمنا ذلت آمیز زندگی کی بھینٹ چڑھا دیتی ہے۔ تب وہ وطن دشمن قوتوں کا آلۂ کار بن جاتا ہے۔ زندگی اس کے لیے آخرت کی کھیتی نہیں رہتی، بلکہ حرص و ہوس کی جولاں گاہ بن جاتی ہے۔ یوں یہ کردار اپنی سرشت میں محض ایک کردار نہیں رہتا بلکہ فطرتِ انسانی کے اسفل میلان کا ایسا سانچا بن جاتا ہے جسے ہم اپنی تاریخ کے مختلف ادوار میں اپنے مذہبی، اخلاق اور تہذیبی وجود سے کٹ کر خود اپنوں کے خلاف کام کرتے اور دشمنوں کی فتح کا راستہ ہموار کرتے ہوئے دیکھتے ہیں۔

یوں تو اس افسانے کا ہر کردار اپنی جگہ تخلیقی قوت کا حامل ہے، لیکن ابو حمزہ کو اردو افسانے کے زندہ کرداروں میں شامل کیا جانا چاہیے۔ یہ کردار جب فاعل ہے اور اپنے قول و فعل کے ساتھ سامنے آتا ہے، تب بھی اہم اور معنی خیز نظر آتا ہے اور جب دشمنوں کے ہتھے چڑھ کر مجبور محض ہو جاتا ہے، تب بھی اس کا صبر، استقامت اور ظرف اس کے قامت کو بلند کرتے ہوئے اسے ایک علامت میں ڈھال دیتا ہے۔ یہ علامت ہے انسانی عزم و ہمت کے ناقابل تسخیر ہونے کی، اس لیے کہ دشمن قوتیں اُسے تشدد اور ذلت کی بدترین سطح پر لے جانے کے باوجود نہ تو اُس سے کوئی راز اگلوا پاتی ہیں اور نہ ہی زندگی اور رحم کی بھیک کا سوال اُس کے ہونٹوں سے سن پاتی ہیں۔ یہ کردار ایک اور معنوی جہت بھی رکھتا ہے کہ عنصری برتری رکھنے والے افراد اور سماج لاکھ جتن کر لیں لیکن وہ کبھی انسانی روح اور اُس کے جوہر پر فتح نہیں پاسکتے۔ اس کا دوسرا مطلب یہ نکلتا ہے کہ جنگ جب ختم ہو گی تو انسانی جوہر پھر ظہور کرے گا اور پھر نمو پائے گا۔

٭٭

—۳—

جنگ، اس کے ہتھیار، کردار، مسائل اور اثرات کے چھ پہلو تو وہ ہیں جنھیں ہم سطورِ گزشتہ میں انتظار حسین، جیلانی بانو اور خالدہ حسین کے افسانوں کے ضمن میں بیان کر آئے ہیں، لیکن دیکھنے اور سوچنے کی بات یہ بھی ہے کہ اس کھیل کے شروع ہونے سے پہلے کی فضا میں بھی کچھ ایسا ہوتا ہے کہ جس کے تحت انسانی ذہن خوف اور مایوسی کے کسی تجربے سے گزرتا ہے۔ یقیناً ایسا ہوتا ہے کہ انسان کا ذہن آنے والے مہیب حالات کے قدموں کی چاپ سن کر اس درجہ اعصاب شکن کیفیت میں ہوتا ہے کہ اپنے عزیز ترین رشتوں اور اُن کی قربت و محبت تک سے دست بردار ہونے پر آمادگی میں تأمل محسوس نہیں کرتا۔ اس کیفیت کو فردوس حیدر نے اپنے ایک افسانے "خالی ہوا یہ دل" میں بیان کیا ہے۔ یہ افسانہ تین نسلوں کے مابین انسانی مراسم کو واضح کرتا ہے۔ ان مراسم میں محبت، مقصدیت، لگن، وابستگی اور جذبے کے ساتھ ساتھ بشری تقاضوں کے زیر اثر پیدا ہونے والی شخصی کمزوریوں اور مسائل کو بھی موضوع بنایا گیا ہے۔ اختتام تک آتے آتے افسانے میں بنیادی کرداروں کی کایا کلپ ہو جاتی ہے۔ اس تجربے کے پس منظر میں ان کرداروں کے عمر بھر کے رویے اور اصولوں کے درجے میں اختیار کیے گئے فیصلے تک لایعنی ہو جاتے ہیں۔ تب انسان کو یہ تسلیم کرنا پڑتا ہے کہ زندگی وہ نہیں جو کہ اب تک وہ سمجھتا رہا ہے اور یوں محبت کا مسئلہ بقا کے سوال کے آگے ماند پڑ جاتا ہے۔

جس دن چاغی کے علاقے میں ایٹمی تجربہ ہوا، ڈرائیور نے اخبار سب سے پہلے اِن کے ہاتھ میں جا پکڑایا۔ اس سے پہلے کہ میں ان کے ہاتھ سے اخبار لیتا، وہ خبر پڑھ چکے تھے اور بڑبڑا رہے تھے، "پورا پہاڑ سفید ہو گیا!" میں نے دیکھا اُن کا چہرہ سفید ہو گیا۔ میں نے

آگے بڑھ کر اُن کو سہارا دینا چاہا۔ وہ میری گود میں یوں گر گئے جیسے میں بچپن میں لوگوں کی باتوں سے پریشان ہو کر اُن کی گود میں گر جایا کرتا تھا اور رونے لگتا تھا۔ لیکن نانا جی روئے نہ لوگوں کی شکایت کی اور نہ آنکھیں کھول کر میری جانب دیکھا۔ وہ ہمیشہ کے لیے پر سکون ہو گئے جیسے انہوں نے اپنے حصے کا کام ختم کر لیا ہو...

فردوس حیدر کا یہ افسانہ فنی لحاظ سے انوکھا تجربہ یا تخلیقی اعتبار سے کوئی شاہکار نہیں ہے۔ سیدھے سادے بیانیے میں لکھا گیا افسانہ ہے، البتہ یہ المیے کی ایک قوت کا اظہار ضرور کرتا ہے۔ ایک طرف انسانی رشتوں کی complex نوعیت اور اپنے اپنے زاویے سے زندگی کو برتنے اور بنانے کا انسانی مزاج اس افسانے کے تاروپود میں مرکزی مسئلے کی طرح گوندھا گیا ہے، جس کا اظہار افسانے کے آخر میں آ کر ہوتا ہے اور وہ بھی اُس وقت جب نانا (افسانے کا سب سے اہم کردار) حالات کی تبدیلی کے آگے سپر ڈال دیتا ہے۔ دوسری طرف یہ بھی ہے کہ افسانہ نگار نے مسلسل پیش نظر رکھا ہے کہ حالات کا خارجی دباؤ مختلف کیفیات میں زندگی گزارنے والوں پر کس کس انداز میں اثر ڈالتا ہے۔ افسانے کے آخری حصے میں یہ بات بالکل واضح ہو جاتی ہے کہ افسانہ نگار نے بنیادی طور پر یہی بتانے کی کوشش کی ہے کہ خوف اور مایوسی کے تجربے سے گزرتے وقت عمر بھر کے استحکام اور استقلال کو ہارنے والوں کے لیے کس طرح زندگی اور اُس کے مظاہر لایعنی ہوتے چلے جاتے ہیں۔ اور پھر بے بسی زندگی کا سب سے بڑا المیہ بن جاتی ہے۔

چاغی میں پاکستان کے ایٹمی تجربات کے حوالے سے ہمارے یہاں کئی افسانے لکھے گئے۔ ان میں امراؤ طارق کا افسانہ "آتش فشاں کی گود میں" اس نوع کے وجودی تجربے کو سامنے لاتا ہے جو یوں تو far fetched معلوم ہوتا ہے، لیکن افسانہ نگار نے اسے ایک ایسے مسئلے سے جوڑ دیا ہے کہ قاری افسانے کی آخری سطریں پڑھتے ہوئے افسردگی

محسوس کیے بغیر نہیں رہتا۔ یہ افسانہ قبائلی زندگی کے سیاق و سباق میں بنا گیا ہے۔ وہ لوگ جو سرحدی علاقوں اور اُن کی طرزِ معاشرت اور انسانوں کے باہمی مراسم کی نوعیت کو سمجھتے ہیں، وہ افسانہ نگار کے پیدا کیے ہوئے زاویے کی اہمیت کو محسوس کر سکتے ہیں۔ وہاں افراد کے رشتے قبائل کی دوستی اور دشمنی کی بنیاد بن جایا کرتے ہیں اور یہ دوستی اور دشمنی نسل در نسل سفر کرتی ہے۔ اس پس منظر میں اگر ایک شخص اپنی منگیتر سے شادی کرنے سے انکار کر دے تو اس کے نتائج کا تصور کچھ ایسا مشکل نہیں — لیکن اگر مسئلے کی نوعیت وہ ہو جو امراؤ طارق نے اپنے اس افسانے میں بیان کی ہے تو انسانی محرومی اور اذیت کی وہ کیفیت سامنے آتی ہے کہ جرگے کے افراد مہر بہ لب ہو کر رہ جاتے ہیں۔

...میں اس وقت جھیل کے درمیان میں تھا اور جھیل کا پانی میرے ہونٹوں کو چھو رہا تھا، میرا پورا جسم پانی میں ڈوبا ہوا تھا... اس وقت دھماکا ہوا، ایسا دھماکا جو اس سے قبل یہاں نہ ہوا تھا۔ پہاڑوں کے سیاہ رنگ سفید ہو گئے، درخت کھڑے کھڑے راکھ میں بدل گئے، کان بند ہو گئے، دانت ایک دوسرے میں کھب گئے اور جھیل کا پانی میرے گھٹنوں سے نیچے اُترا تو جھیل کے درمیان میں بے لباس کھڑا ہوا تھا اور میری ایڑیوں سے ایک برقی رو میرے گھٹنوں تک آ گئی تھی اور میرے پیر میرا بوجھ سہارنے کے قابل نہ رہ گئے تھے، میں اپنے آپ کو گھسیٹتا ہوا کنارے تک لایا اور گر کر بے ہوش ہو گیا۔ جھیل کے کنارے تک آتے ہوئے برقی رو میرے گھٹنوں سے میری کمر تک آئی اور میری کمر کے گرد ہالہ بنا کر بیٹھ گئی۔"

اس نے سردار کی طرف دیکھا اور خاموش ہو گیا، جیسے اب اُسے کچھ نہ کہنا ہو۔

"وہ برقی رو!" قادر بخش نے کہا، "وہ برقی رو اب بھی میری کمر کے گرد بیٹھی ہوئی ہے۔ میرے پاؤں اس قابل نہیں کہ میں رکاب سنبھال سکوں، میرے گھٹنے اس قابل

نہیں کہ میں ابلق پر جم کر سواری کر سکوں اور نہ میری کمر اس لائق رہ گئی ہے کہ میں شادی کر سکوں۔ میں نامرد ہو گیا ہوں۔ شہید مرزا ارسلان کا پوتا اور شیر دل خدا بخش کا بیٹا اپنی نسل آگے نہیں بڑھا سکتا، نامرد ہو گیا، اُسے گولیوں سے بھون دو، کیونکہ وہ شادی سے انکار کرتا ہے۔"

ایٹمی تابکاری اور تباہی کے موضوع پر اس سے قبل بھی اردو میں ایسے افسانے لکھے گئے ہیں جو انسانی احساس کو متغیر کرتے ہیں۔ ان میں احمد ندیم قاسمی کا "ہیروشیما سے پہلے، ہیروشیما کے بعد" محمد سلیم الرحمن کا "راکھ"، حسن منظر کا "زمین کا نوحہ"، زاہدہ حنا کا "تنہائی کے مکان میں" بالخصوص قابلِ ذکر ہیں کہ ان میں انسانی تجربے اور احساس کے المیے کو تخلیقی ژرف نگاہی اور فنکارانہ صداقت سے بیان کیا گیا ہے، لیکن یہ تمام افسانے دراصل عالمی جنگ کی تباہی اور امریکہ کے ایٹم بم کے استعمال کے سیاق و سباق میں لکھے گئے ہیں۔ اس لیے ان کا برصغیر، بلکہ یوں کہیے کہ جنوبی ایشیا کی زندگی کے تجربے سے براہ راست تعلق نہیں ہے۔ تاہم ادیب اور فن کار کا معاملہ تو یہ ہوتا ہے کہ اُس کا مشاہدہ بمنزلہ تجربہ ہوتا ہے اور تصور و خیال بمنزلہ مشاہدہ۔ یہاں ان افسانوں کے ذکر کا مقصد اس امر کا اظہار ہے کہ ایٹمی ہتھیاروں کی تباہی اور انسانی مستقبل کی ہولناکی کا یہ سوال آج، یعنی اُس وقت اردو افسانہ نگاروں کی توجہ کا مرکز نہیں بنا کہ جب یہ آگ خود ان کے گھر تک آ پہنچی ہے، بلکہ اُنہوں نے اس مسئلے کی بابت اس وقت بھی بات کی تھی اور اپنا احتجاج ریکارڈ کیا اور تشویش ظاہر کی تھی، جب یہ مسئلہ صرف دنیائے اول کی جنگ میں سامنے آیا تھا۔ یہ تخلیقی صداقت اس امر کی گواہی دیتی ہے کہ فن کار ایک سطح پر آ کر زبان، نسل، رنگ، قوم اور جغرافیے کی حدود سے ماورا ہو جاتا ہے اور اپنے فن میں انسانیت کے لیے آواز بلند کرتا ہے۔ انسانیت سے اس کی یہی وابستگی اس کے فن کو

آفاقیت سے ہم کنار اور اُس جوہر سے بہرہ ور کرتی ہے جو اُسے جاودانی عطا کرتا ہے۔

٭٭

—۴—

آج اس حقیقت کے اعتراف میں تامل کی کوئی گنجائش نہیں کہ جنگ عصرِ حاضر کا سب سے بڑا Phenomenal ہے۔ اس جنگ کی نوعیت اور اُس کے تباہ کن اثرات کا دائرہ اب تک کی انسانی تاریخ کی تمام جنگوں کے مجموعی اثرات سے بڑا ہے۔ اس کا سبب محض یہ نہیں کہ اپنی طاقت کے اظہار اور اسلحے کی دوڑ میں سبقت لے جانے کی خواہش نے اقوامِ عالم کی ایک بڑی تعداد کو بارود کے ڈھیر پر لا بٹھایا ہے۔ یہ بات اپنی جگہ درست اور اہم ہے کہ آج کی دنیا ایک ایسے پہاڑ پر بسی ہوئی ہے جسے اس کی سیاسی اور فوجی مقتدرہ نے اپنے اپنے مفادات کے لیے آئیڈیالوجی اور deterrence کے نام پر بالآخر آتش فشاں بنا دیا ہے۔ تاہم یہ آج کی دنیا اور اُسے درپیش (تباہی کے) سب سے بڑے خطرے کا ایک رخ ہے کہ اب اگر عالمی جنگ چھڑتی ہے تو وہ اس خطۂ ارض کے لیے ناقابلِ تصور حد تک تباہ کن ہو گی۔ آج کی انسانی صورت حال کو سمجھنے کے لیے، تباہی کے خوف کا ایک رخ اور بھی ہے اور وہ بھی کچھ کم اہم نہیں ہے۔ یہ رخ ہے آج کے سماج میں phenomenal سطح کو پہنچتی ہوئی تخریبی قوتیں۔

یہ کہنا تو خیر درست نہ ہو گا کہ انتشار اور دہشت صرف آج کی انسانی زندگی کا تجربہ ہے اور اس سے قبل تاریخ کے کسی دور میں اور کسی سماج میں یہ صورت حال پیدا نہیں ہوئی۔ ماننا چاہیے کہ اب سے پہلے بھی تہذیبوں اور معاشروں پر انتشار اور دہشت کے دورانیے گزرے ہیں، بلکہ یہ کہنا زیادہ درست ہو گا کہ اب سے پہلے کی جنگوں کے اثرات

کا اظہار بھی ہمیشہ دو سطحوں پر ہوتا رہا ہے، ایک براہ راست جنگ کے نتائج کی صورت میں اور دوسرے جنگ کے دوران اور اس کے بہت دن بعد تک بھی نفسانفسی اور خلفشار کی صورت میں۔ اس کیفیت کا دائرہ بعض اوقات اس درجے تک بھی پہنچا کہ اسے سول وار کا نام دیا گیا۔ اکیسویں صدی کی دنیا ما قبل زمانوں سے اس لیے بھی مختلف ہے کہ آج اس کے بعض خطے خاصے عرصے سے ایک مسلسل سول وار کی حالت میں ہیں۔ ان علاقوں میں دہشت گردی اور استحصال کی بد ترین صورتیں دیکھی جا سکتی ہیں۔ دہشت گردی کی اس لہر نے ویسے تو ایک عالم کو اپنی لپیٹ میں لیا ہوا ہے، لیکن بعض علاقے جن میں بطورِ خاص وطنِ عزیز شامل ہے، اس کے شدید ترین عذاب کو جھیل رہے ہیں۔ یہاں آئے دن کتنے ہی معصوم اور بے گناہ شہری اس آگ میں ایندھن کی طرح جھونکے جا رہے ہیں۔ سول وار کی علامتوں میں سے ایک اہم علامت یہ ہے کہ نہ تو مارنے والے کو معلوم ہوتا کہ وہ جس شخص کو مار رہا ہے، اُس سے آخر اس کا کیا جھگڑا یا دشمنی ہے اور وہ کیوں اسے مار رہا ہے اور نہ ہی مرنے والے کو معلوم ہوتا ہے کہ کس جرم کی پاداش میں اور کس نے اُسے مار ڈالا ہے؟

دہشت گردی کا یہ مظہر اپنی ماہیت اور تخریبی قوت ہر دو لحاظ سے بے حد مختلف اور نہایت بڑا ہے۔ عصرِ رواں کے اردو افسانے کی اس مسئلے پر خصوصیت سے توجہ رہی ہے۔ اس ضمن میں سب سے پہلے تو انتظار حسین کے افسانے "ریزروسیٹ" کا حوالہ دینا چاہئے۔ سیدھی سادی کہانی کی صورت سماجی حقیقت نگاری کا عام مگر نہایت مؤثر بیانیہ افسانے کے اس بنیادی مسئلے کو سامنے لاتا ہے جو افسانہ نگار کی توجہ کا مرکز ہے۔ بڑی بو اکے ڈراؤنے خواب سے شروع ہونے اور گھر کی گہما گہمی، رشتے ناتوں کی رونق اور بھرے پرے کنبے کی راحت و نعمت کو سمیٹتے ہوئے آگے بڑھنے والا افسانہ اختتام پر آ کر ایک لخت دل الٹنے

والی اذیت میں تبدیل ہو جاتا ہے۔ بڑی بوا کی فرمائش پر دوسرے شہر سے اُن کی عیادت کو آتے ہوئے بیٹا اُن کے پوتے (یعنی اپنے بیٹے) کو بھی دادی سے ملانے لے آیا تھا۔ بڑی بوا پوتے کو دیکھ کر نہال تھیں کہ باپ نے بیٹے کی مذہبی تعلیم پر بھی توجہ دی تھی۔ وہ شرع کے مسئلے مسائل سے بھی واقف تھا اور نماز بھی پابندی سے پڑھتا تھا۔ بس یہی نیک سیرتی اُس کا جرم بن گئی اور وہ مسجد میں آکر کلاشنکوف سے گولیاں برسانے والوں کے ہاتھوں مارا گیا۔

بڑی بوا ابھی جانماز ہی پہ تھیں کہ محلے میں شور پڑ گیا۔ انہوں نے کلیجے پہ ہاتھ رکھا، "الٰہی خیر، یہ کیسا شور ہے؟" مگر خیر کہاں تھی۔ مسجد میں ابھی صف کھڑی ہوئی تھی کہ کچھ مسٹنڈے منہ پہ ڈھاٹے باندھے کلاشنکوفیں تانے اندر گھس آئے اور نمازیوں کو بھون ڈالا۔ کتنے تو سجدوں سے سر ہی نہیں اٹھا سکے۔

مار پیچھے پکار پڑی۔ خلقت مسجد کی طرف دوڑ پڑی۔ محلے والے ارتضیٰ کو اٹھا کر گھر لائے۔ خون میں لت پت۔ فوراً ڈاکٹر کے لئے آدمی دوڑائے گئے، مگر ادھر وقت آ چکا تھا۔ ڈاکٹر کے آنے سے پہلے ہی اس نے دم توڑ دیا۔

بڑی بوا نے سینے پہ دو ہتڑ مار مار کے اپنا آپا دھن ڈالا۔ اپنے آپ کو کوسا کہ کیوں انہوں نے ارتضیٰ کو ساتھ لانے کے لیے لکھا تھا۔ پھر دہشت گردوں کو کوسنے لگیں کہ ان کل مونہوں کو ڈھائی گھڑی کی موت آئے۔ کیسے شقی تھے کہ خانۂ خدا کا بھی پاس نہ کیا۔ ارے کم بختو! تم کیسے مسلمان تھے، بچے کو نماز تو ختم کر لینے دیتے۔ اور پھر بلک بلک کے بین کرنے شروع کر دیے۔

یوں تو اس افسانے کے توسط سے ہم دیکھتے ہیں کہ بازاروں، محلوں اور گلیوں سے گزر کر دہشت و بربریت کا یہ عفریت اب مسجدوں اور امام باڑوں تک آ پہنچا ہے۔ وہ

جگہیں جنھیں خدا اور اُس کے رسول ﷺ نے حرمت کا مقام ٹھہرایا، وہیں مذہب کے نام پر انسانی جانوں سے کھیلنے کا یہ کھیل معمول بنتا چلا جاتا ہے۔ انتظار حسین نے بڑی سہجتا اور سادگی سے اس عہد کے بدترین انسانی تجربے کو اپنے اس افسانے میں بیان کیا ہے۔ اُن کی فنکارانہ متانت کی داد دینی چاہیئے کہ انہوں نے ایک ایسے مسئلے کو جو سفاکی کے بدترین اظہار کا درجہ رکھتا ہے، کسی طرح کی جذباتیت کی نذر نہیں ہونے دیا اور نہ ہی اسے ردعمل کی اس سطح پر آنے دیا ہے کہ جب ادب، ادب نہیں رہتا، بلکہ نعرہ بن جاتا ہے۔

کہا جاتا ہے کہ رزق اور موت دونوں ہی نصیب کے ضابطے سے انسان تک پہنچتے ہیں۔ جس طرح کسی کے حصے کا لقمہ کسی اور کو نہیں مل سکتا، اسی طرح کسی کی موت کا لمحہ ٹل کر کسی اور کے حصے میں نہیں آتا۔ تاہم عہد گزشتہ اور ہمارے زمانے میں یہ فرق تو بہر حال ہے کہ پہلے موت کسی کی طرف بڑھتی تھی تو صرف وہی نہیں شاید اور لوگ بھی اُس کے قدموں کی چاپ سن لیتے اور سمت کا اندازہ کر لیا کرتے تھے، لیکن اب دہشت گردوں کی برسائی ہوئی کوئی اندھی گولی جب کسی معصوم انسان کے جسم کو چھیدتے اور اُس کا لہو چاٹتے ہوئے نکلتی ہے تو پتہ چلتا ہے کہ اس پر کس کا نام لکھا ہوا تھا۔ دہشت گردی یوں تو ہمیشہ ہی اور ہر معاشرے اور اس کے افراد کے لیے بھیانک تجربہ رہی ہے، مگر اس وقت جس بڑے اس کیل اور جس فریکوئنسی پر یہ تجربہ ہمارے معاشرے کے افراد کو ہونے لگا ہے، اُس نے اس کی اندوہناکی میں بدرجہا اضافہ کر دیا ہے۔ اب آئے دن اس کی لپیٹ میں ایسے لوگ آنے لگے ہیں کہ جن کے مرنے کی مثال اُس چراغِ خانہ کے بجھنے کے مماثل ہوتی ہے جس کے بعد پورے گھرانے کی قسمت میں تاریکیاں در آتی ہیں۔

عہد جدید اپنی ترقی اور خوش حالی کو تو گلوبل ویلیج کے انسانوں کا مشترک تجربہ نہیں

بنا سکا، لیکن اس نے دہشت اور وحشت کے تجربے کو جغرافیائی سرحدیں اور مذہبی و تہذیبی حدیں مٹا کر دنیا کے طول و عرض میں پھیلے ہوئے انسانوں کی قسمت کا مشترک factor بہر حال بنا دیا ہے۔ دنیا کے امن پسند، نہتے اور بے بس انسانوں کے ایک بڑے انبوہ کی زندگی میں اذیت اور ہزیمت شامل کرنے والا یہ factor ویسے تو اب بلا تفریقِ رنگ و نسل اور بلا تخصیصِ مذہب و تہذیب جہاں بھی نظر آتا ہے، سراسر شائبہ تقدیر کی طرح نظر آتا ہے لیکن تیسری دنیا، پس ماندہ ممالک اور مذہب والا مذہب کی آویزش سے گزرنے والے معاشرے بطورِ خاص آج بڑی حد تک اس تجربے کا میدان بنے ہوئے ہیں۔ اس مسئلے کی لپیٹ میں آنے اور اس کے بدترین نتائج بھگتنے والے لوگ مختلف زبانوں، علاقوں، تہذیبوں سے تعلق رکھتے ہیں، لیکن ان کا مسئلہ اور اس مسئلے کا پیدا کردہ دُکھ ایک ہے۔ یوں درد و غم کی ایک مشترک اور دل کو مٹھی میں لینے والی زبان کتنے ہی لوگوں میں اظہار و ابلاغ کا وسیلہ ہی نہیں، ہم رشتگی کا حوالہ بھی بن گئی ہے۔ زاہدہ حنا نے اپنے افسانے "رقصِ بسمل ہے" میں اسی مسئلے کو موضوع بنایا ہے۔

دہشت و بربریت کا طوفان ماؤں سے کس طرح اُن کی عمر بھر کی جمع پونجی، اُن کے بڑھاپے کا سہارا، اُن کی جوان اولاد چھینتے ہوئے آگے اور آگے بڑھتا چلا رہا ہے، کس طرح موت ایک ایک در جھانکتی اور کوچہ و بازار میں ناچتی پھر رہی ہے، اور یہ تجربہ رنگ و نسل اور ملک و ملت کے کسی امتیاز کے بغیر پھیلتا جا رہا ہے اور درد کی سوغات نہتے، بے بس اور بے خطا انسانوں میں کس طرح بٹ رہی ہے، زاہدہ حنا کا افسانہ دکھ کے ساتھ اور فنکارانہ سبھاؤ میں ہمیں بتاتا ہے۔

شام ہوتے ہی وہ گھر آ گیا، exclusive shoot مکمل ہو گئی تھی۔ وہ اپنے پیروں سے چل کر گیا تھا، آیا تو دوستوں کے شانوں پر۔ صبح جس تخت پر وہ اماں کی گود میں سر

رکھ کر لیٹا رہا تھا، وہیں اُسے لٹایا گیا۔ ناہید دیوار تھامے کھڑی تھی اور سارے بدن سے کانپ رہی تھی، اماں نجیب کے دوستوں کا گریہ سن کر ننگے پاؤں اپنے کمرے سے نکلیں تو کسی نے انھیں سہارا دے کر نجیب کے سرھانے بٹھا دیا۔ ناہید نے اماں کی خالی گود کو دیکھا، شام غریباں — کہیں دور سے آواز آ رہی تھی — ابھی تو سینے میں اک آگ سی لگی ہو گی — ابھی تو گود کی گرمی نہ کم ہوئی ہو گی۔ اماں اپنی استخوانی انگلیوں سے نجیب کے بال سلجھا رہی تھیں، اس کے رخساروں، اس کی بند آنکھوں کو جھک کر چوم رہی تھیں۔ پنکھے کی تیز ہوا نے نجیب کے سینے پر پڑی ہوئی خون آلود چادر اڑائی۔ سیاہ دھاگے سے سلا ہوا سینہ۔ صبح انہوں نے اسے جھڑکا تھا، یہ سوئی ابھی تمہیں چبھ گئی ہوتی۔ "اماں نے لرزتی ہوئی انگلیوں سے چادر ذرا اور سرکائی۔ "تم تو سارا سینہ ہی رفو کرا آئے نجیب۔" ناہید نے اماں کا جملہ سنا اور چیخیں مارتی ہوئی زمین پر گر گئی۔

زاہدہ حنا نے اپنے معاشرے میں حد درجہ بڑھتے ہوئے دہشت گردی کے رجحان کو معرض بیان میں لاتے ہوئے متعدد فنی لوازمات سے اس طرح کام لیا ہے کہ افسانہ قاری کے اعصاب کو جھنجھوڑ کے رکھ دیتا ہے۔ تاریخ، تہذیب اور سیاست کے مختلف عناصر زاہدہ حنا کے افسانوں میں زیریں سطح پر معنویت کی تہہ کو دبیز کرتے جاتے ہیں۔ اس افسانے میں بھی انہوں نے ان عناصر سے بخوبی کام لیا ہے۔ تاہم افسانہ ہمیں درد کی لہر کے ساتھ چھوڑ کر اختتام پذیر نہیں ہوتا بلکہ مقاومت کی اور جہد للبقا کی صورت کو کچھ اس انداز میں سامنے لاتا ہے کہ زندگی لایعنیت کی طرف جانے کے بجائے معنویت کے مدار کی طرف لوٹ آتی ہے اور یہاں انسانوں کے درمیان زبان، رنگ، تہذیب سے ماورا خالص انسانی رشتہ اپنے ہونے کا احساس دلاتا ہے۔

وہ تیار ہو کر کمرے سے نکلی تو اماں اور خانم خجستہ اب لاؤنج میں نہیں تھیں۔ ٹیبل پر

ٹی کوزی سے ڈھکی ہوئی چائے دانی رکھی تھی، پیالیاں، ٹوسٹ اور مکھن۔ اسے حیرت ہوئی ایک پیالی جھوٹی تھی، تو کیا اماں نے ناشتہ کر لیا تھا؟ اس کی نظر دیوار گیر گھڑی پر گئی، نجیب کی رخصت سے پہلے اماں روزانہ اسی وقت مونیسٹری کا رخ کرتی تھیں۔ اس نے کھلی ہوئی کھڑکیوں سے مالتی کی باڑھ کی طرف دیکھا جو گھر اور مونیسٹری کو تقسیم کرتی تھی۔ اسے کچھ بچے اچھلتے کودتے، پختہ روش پر بھاگتے ہوئے دکھائی دیے، پھر اماں نظر آئیں، کلف لگی سفید ساڑی پہنے وہ آہستہ آہستہ چلتی ہوئی بچوں کی طرف جا رہی تھیں، خانم خجستہ ان کا پرس اٹھائے ہوئے ان کے پیچھے تھیں۔

**

—۵—

ٹامس مان نے کہا تھا کہ عہد جدید کے انسان کی تقدیر (اور اس کے احوال بھی) سیاست کی زبان میں بیان ہوگی۔ اس پر سوال دریافت کیا جا سکتا ہے کہ کون سی سیاست کی اصطلاحوں میں؟ اس لیے کہ آج سیاست کے معروف اور مروجہ ادارے ہی سیاست نہیں کر رہے، بلکہ فلاحی اور سماجی تنظیموں سے لے کر اخلاقی و مذہبی اداروں تک سب ہی سیاست کے کھیل کا حصہ بن چکے ہیں۔ بات صرف اتنی ہی نہیں ہے، بلکہ اس سے کہیں زیادہ گمبھیر اور اذیت دہ ہے۔ اس عہد کی ایک بڑی اور ناقابل تردید سچائی یہ ہے کہ اب افراد ہی نہیں بلکہ پورے پورے شہر اور ذرا غور کیجیے تو معلوم ہوگا کہ کہیں کہیں تو پورے پورے ممالک سیاست کی اس بساط پر محض پٹ جانے والے مہرے ہیں —ایسے مہرے کہ جنھیں یہ تک ٹھیک سے معلوم نہیں ہوتا کہ وہ کس کے ہاتھ میں ہیں اور انہیں کب، کہاں اور کون پیٹنے کے لیے بیٹھا ہے۔

نیرنگی سیاست دوراں کا یہ پہلو بھی غور طلب ہے کہ اب سیاسی بساط صرف سیاست کے نام پر نہیں بچھتی۔ یہ کہیں اصلاح احوال کا عنوان رکھتی ہے، کہیں فلاح عام کا۔ کہیں آزادی اظہار کا نام رکھتی ہے تو کہیں ترقی اور روشن خیالی کا۔ کہیں یہ سماجی اقدار کا بہروپ بھرتی ہے اور کہیں مذہب کو اپنے مقصد کے حصول کے لئے استعمال کرتی ہے۔ نو ارب سے زائد انسانوں کی اس آبادی کے پچانوے فی صد سے زیادہ لوگ مطلق لاتعلقی اور لاعلمی کے باوجود نہ صرف اس کھیل کا حصہ ہیں بلکہ کھلاڑیوں کی ہار جیت کی قیمت بھی یہی بے چارے پچانوے فی صد لوگ اپنی انفرادی اور اجتماعی حیثیت میں جذباتی اور معاشرتی استحصال کی صورت میں چکاتے ہیں۔

سیاست کے کھلواڑ کو یونس جاوید نے عہد در عہد سفر کرتے ہوئے اپنے افسانے "ستونت سنگھ کا کالا دن" میں بہت سنبھل کے اور فنی در و بست کا لحاظ رکھتے ہوئے بیان کیا ہے۔ دو عمر رسیدہ آدمیوں کی لاہور میں اچانک اور غیر متوقع ملاقات سے شروع ہونے والا افسانہ جب تہ در تہ کھلتا ہے تو اعلان آزادی کے دنوں تک فلیش بیک میں پھیلتا چلا جاتا ہے۔ تب ہم دیکھتے ہیں کہ مدتوں سے ساتھ رہنے اور رنگ، نسل، زبان اور مذہب کی تفریق سے بالاتر ہو کر نسل در نسل سماجی رشتے نبھاتے، افراد اور خاندان کس طرح سیاست کی بھینٹ چڑھے اور دیکھتے ہی دیکھتے زہرناک ہو گئے۔ پھر یہ ہوا کہ جو رشتے ناتے مان تھے، وہ دشمن جاں ہو گئے۔ اوتار سنگھ اور انور خاں دونوں سیاست کی بساط پر پٹے ہوئے مہرے ہیں، جنہیں عمر کے آخری مرحلے پر تقدیر نے اس طرح لا ملایا ہے کہ جائے ماندن نہ پائے رفتن۔ تب ہم دیکھتے ہیں کہ دونوں طرف کیا کیا زخم ہرا نہیں ہوا اور کون کون سا گھاؤ لونہ دینے لگا۔ انور خاں نے تو کہہ بھی دیا اوتار سنگھ سے، "کاش — تم مجھے نہ ملتے۔" نیرنگی سیاست دوراں اس فقرے پر ضرور مسکرائی ہو گی۔ کیوں نہ مسکراتی کہ

اسے اگلی بازی جو کھیلنی تھی۔ ساٹھ برسوں سے زیادہ طویل عرصے کی باتیں، یادیں، قصے سمٹتے سمٹتے افسانہ اپنے اختتام کو آ پہنچتا ہے، پر یہ اختتام کب ہے، سیاست ایک بار پھر ان پٹے ہوئے مہروں کو پیٹ ڈالتی ہے۔ گویہ کھیل ختم نہیں ہوا، ابھی چل رہا ہے — لیکن اب اس کا عنوان کچھ اور ہے۔ یونس جاوید نے اس افسانے کی تخلیق کے دوران اپنے طویل فن کارانہ تجربے ہی سے نہیں بلکہ اس کے ساتھ ساتھ ڈراما نگاری کے شعبے میں اپنی تکنیکی مہارت سے بھی خوب کام لیا ہے:

دونوں کی آنکھیں ایک ہی قسم کی شرمساری سے مندی تھیں۔ دونوں ہلکی ہوا سے ایک نشہ کشید کر رہے تھے، تھوڑی دیر اسی مست پن میں گزری تھی کہ کمانڈوز کے دستے اندر کو دے — اور دونوں کو کچھ بولے کہے بغیر گھیر لیا۔ ایک بڑی گاڑی میں سائیکل سمیت دونوں کو اٹھا کر رکھا گیا تھا جب تک دوسری اسپیشل گاڑی قریب آ کر رکی — صاحب نے شیشے کو نیچے کیا اور صرف "ہوں" کہا۔

کمانڈوز کا ہیڈ بولا:

"Red handed terrorists sir"

"احمدیوں کی عبادت گاہوں پر حملے کے مفروروں کو ہم ٹریس کر رہے تھے۔" اس نے اپنے حساس ٹیپ ریکارڈر کا بٹن دبایا — اور گاڑی کا شیشہ نیچے کرنے والے آفیسر کے قریب کیا۔ اوتار کی آوازیں پھیلنے لگیں۔

اس افسانے کا اختتامیہ اگر اس ڈرامائی اسلوب میں نہ لکھا گیا ہوتا تو پورا امکان تھا کہ افسانہ ختم ہونے سے پہلے سیاسی بیانیے میں تبدیل ہو جاتا۔ یونس جاوید کی فنکارانہ کامیابی یہ ہے کہ وہ پوری کتھا کو سمیٹتے ہوئے فطرت انسانی کی سادگی اور سیاست کی اندھی اور

سفاک جبلت کو آپس میں ٹکرا کے دکھا دیتے ہیں۔ یہ کرتے ہوئے انہوں نے فنکارانہ ضبط سے بھی پورا کام لیا ہے۔ کرداروں کو پیش آنے والی ان ہونی اور اس کے پس منظر کی صورت حال پر کوئی تبصرہ، کوئی غصہ، کوئی بیان، کوئی نعرہ، کوئی ملال ـــ کچھ بھی تو نہیں آتا پورے افسانے میں افسانہ نگار کی طرف سے۔ بس قاری اور اس کے جھنجھناتے اعصاب کہانی کے روبرو ہیں، اور یہاں کہانی بے مہر تقدیر ہو گئی ہے۔

"مشرف عالم ذوقی کے افسانے "ایک اَن جانے خوف کی ریہرسل" کا ایک کردار کہتا ہے، "اصل بھارت تو جھٹکوں میں بستا ہے صاحب!" کچھ آگے چل کر وہ پھر لب کشا ہوتا ہے، "سچ پوچھو تو ہم ڈر جاتے ہیں صاحب، بڑھتی ہوئی مہنگائی سے، روز ہونے والے دنگوں سے اور..." وہ ہنسا تھا ـــ "جمہوریت سے۔" ذوقی نے افسانے کی زماں مکاں کو کسی ہچکچاہٹ کے بغیر واضح کیا ہے۔ یہ ضروری بھی تھا کہ اس کے بغیر افسانے کی معنویت کا اظہار اور ابلاغ پورا نہ ہو پاتا۔ لیکن افسانہ پڑھتے ہوئے قاری کا دھیان ازخود محسن حامد کی ان سطروں کی طرف جاتا ہے جنھیں ایک طرح سے افسانے کا سرنامہ بنایا گیا ہے۔ تب وہ خود سے سوال کیے بغیر نہیں رہ پاتا کہ کیا جھٹکوں میں رہنے والی آبادی اور مہنگائی سے، دنگوں سے اور جمہوریت سے ڈرنے والے صرف بھارت میں ہیں؟ نہیں ـــ بلکہ سیاست اور دہشت کے پنجے میں جکڑے تمام خطوں اور اُن کے باسیوں کی تقدیر اور احوال نامہ یہی ہے، بالکل یہی۔ گلوبل سوسائٹی کی بہت بڑی اکثریت کی مشترک تقدیر۔ ذوقی نے خوف کی اس ریہرسل کی ہمہ گیری اور شدت کو واضح کرنے کے لئے متعدد اجزا استعمال کیے ہیں ـــ مزدوروں کا آندولن، اَن گنت مسائل، سوالوں اور اندیشوں سے سہمے ہوئے کردار کے بیٹے کی گم شدگی، اوبڑ کھابڑ ٹوٹے پھوٹے راستے، تخریب اور دہشت کے عالمی منظر نامے کے ٹکڑے اور دھماکے۔ بہت مسالا ڈالا ہے ذوقی نے اس افسانے میں۔ اس

کے ساتھ ساتھ کہیں علامت سے، کہیں تجرید سے اور کہیں حقیقت کے بیان سے کام لیا ہے۔ کیوں؟ اس لیے کہ سیاست و دہشت کا یہ مسئلہ راست اور اکہرے بیانیے کی پکڑ میں نہیں آپاتا۔"

**

—٦—

اسرار گاندھی نے اپنے افسانے "غبار" میں اسی مسئلے کو موضوع بنایا ہے۔ افسانہ دو کرداروں پر بنیادی طور سے قائم ہے۔ ویسے تو افسانے میں بیک ڈراپ کے طور پر پورا ہندوستانی معاشرہ نظر آتا ہے۔ تاہم یہاں ہندوستانی معاشرہ محض علامت کا درجہ رکھتا ہے، ورنہ اسے جغرافیہ کی حدود سے الگ کر کے بھی دیکھا جاسکتا ہے۔ اس لیے کہ یہ در اصل آج کے انسانی معاشرے اور اس کے نظام کی وہ عمومی صورت ہے جو عالمی سطح پر اپنا اظہار کرتی ہے۔ البتہ اس اعتراف میں ہمیں تامل نہیں ہونا چاہئے کہ یہ مسائل بالخصوص تیسری دنیا، ترقی پذیر اور پس ماندہ اقوام میں نمایاں طور سے دیکھے جاسکتے ہیں۔ وہ ایک مدت کے بعد اپنے دوست کو ڈھونڈ رہا ہے۔ ملاقات نہ ہونے کا یہ وقفہ اتنا طویل کیوں ہو گیا؟ کیا راوی کہیں گیا ہوا تھا یا یوسف کہیں چلا گیا تھا؟ آخر اب یک لخت اُسے یوسف کیوں یاد آگیا؟ ان سب سوالوں سے حذر کرتے ہوئے افسانہ براہ راست اپنے سروکار یعنی یوسف کی تلاش سے شروع ہوتا ہے اور آگے چل کر جب یوسف کے کردار کی گرہیں کھلتی ہیں تو اس طویل وقفے کا جواز بھی سامنے آتا ہے۔ بہر حال افسانے کے آغاز ہی میں راوی فلیش بیک میں تیس برس پیچھے لوٹ جاتا ہے، جب اُس کی یوسف سے ملاقات اور دوستی ہوئی تھی۔ یوسف معاشرے کے پست طبقے کا لڑکا تھا۔ طبقاتی تقسیم کے تلخ شعور نے

یوسف کو زیادہ حساس بنا دیا تھا۔ اس کے رویے میں بے رحم حقائق کی سفاکی سے پیدا ہونے والی کڑواہٹ صاف نظر آتی تھی، لیکن وہ سماجی نظام میں قائم کی گئی تقسیم کو مسترد کرتا تھا اور اسی بنیاد پر اُسے مذہبی رہنماؤں سے چڑھ تھی۔ یہاں غور طلب بات یہ ہے کہ وہ مذہب کو نہیں بلکہ مذہبی رہنماؤں کو برا سمجھتا ہے اور اس کا جواز اس کے پاس یہ ہے کہ ان لوگوں کے قول و فعل میں تضاد ہے۔ راوی کا ناسٹلجیا یوسف کی شخصیت کا ہم سے پوری طرح تعارف کرا دیتا ہے اور پھر فلیش بیک ختم ہوتا ہے اور تیس برس بعد کا یوسف راوی کے سامنے آ جاتا ہے لیکن یہ کون سا یوسف ہے ؟ راوی بھی داڑھی اور کرتے پاجامے والے مولانا کو چہرے سے نہیں آواز سے پہچانتا ہے۔ ملاقات کے اختتام پر یہی مولانا یوسف اسے بتاتے ہیں:

" پھگن چکوا کا لونڈا یوسفوا دس سال پہلے جل کر مر گیا تھا اور اس کی راکھ سے میں پیدا ہوا ہوں، میں مولانا یوسف۔ گاؤں والے میرے ایک اشارے پر کچھ بھی کر سکتے ہیں۔ گاؤں کے تمام گھروں سے عورتیں میرے پاس دعا کرانے کے لئے آتی ہیں اور میں مولانا یوسف ان کے سروں پر ہاتھ پھیر کر ان کے لیے دعائیں کرتا ہوں۔" وہ مسکرایا۔ اس کی طنزیہ مسکراہٹ زہر میں بجھی ہوئی تھی۔

یہ ہیئت اجتماعیہ کی وہ قوت جو فرد کے جوہر کو، اس کی صداقت کو کچل ڈالتی ہے اور پھر اسے اپنے ڈھرے پر لے آتی ہے۔ یوں ہم دیکھتے ہیں کہ کردار کا یہ بحران جس معاشرے میں پایا جاتا ہے، اس کے تمام تر اسباب بھی دراصل اسی معاشرے کے داخل میں پائے جاتے ہیں اور اس کے نظام کا ایندھن خود اس کے افراد اور اُن کی زندہ روحیں بنتی رہتی ہیں۔

کردار کے اسی بحران کو اسد محمد خاں نے اپنے مخصوص تخلیقی اسلوب میں دیکھا

ہے۔ افسانے کا نام ہے "عون محمد وکیل، بے بے اور کاکا۔" اسد محمد خاں نے بظاہر تو یہ افسانہ راست بیانیہ میں لکھا ہے لیکن جب ہم ذرا سا غور کرتے ہیں تو معلوم ہوتا ہے کہ اس بیانیہ میں تھری ڈی تکنیک استعمال کی گئی ہے۔ اس کی وجہ یہ ہے کہ افسانے کا موضوع اپنی نزاکت اور حساسیت کے باعث داخلی طور سے یہ تقاضا رکھتا ہے کہ اسے ایک رخ سے دیکھنے پر اکتفانہ کیا جائے۔ دوسری بات یہ بھی ہے کہ اس افسانے میں صرف اس کے کردار ہی کلام نہیں کرتے بلکہ ان کرداروں کا معاشرہ اور اس کی سائیکی بھی اکثر مقامات پر کلام کرتی سنائی دیتی ہے۔ چنانچہ اس پورے تناظر کو فوکس کرنے کے لیے یک رخا بیانیہ ہرگز کفالت نہیں کر سکتا تھا۔ اس کے لیے ضروری تھا کہ ایک سے زیادہ زاویوں سے ان کرداروں، ان کے باہمی تفاعل اور سماجی رجحانات اور رویوں کو پیش نظر رکھا جائے۔ ظاہر ہے، ایسا تھری ڈی تکنیک کے ذریعے ہی ممکن ہو سکتا تھا۔

اس افسانے کا موضوع blaspheme ہے۔ عصرِ حاضر کا یہ ایک حساس اور اہم موضوع ہے، خصوصاً ہندوستان اور پاکستان کے حوالے سے۔ افسانے کے تین بنیادی کردار تو وہی ہیں جن کے نام پر افسانے کا عنوان قائم کیا گیا ہے، یعنی عون محمد وکیل، بے بے اور اُس کا بیٹا یعنی کاکا۔ چوتھا اہم کردار پیش امام ہے۔ افسانے کا موضوع بادی النظر میں سادہ نظر آتا ہے، لیکن ایسا ہے نہیں۔ اس لیے کہ اپنی حساسیت اور نزاکت کے باعث یہ موضوع گہرے فنی شعور اور فنکارانہ چابک دستی کا تقاضا کرتا ہے۔ ذرا سی بے احتیاطی اسے اخباری رپورٹ یا کسی نیوز چینل کی بریکنگ نیوز میں تبدیل کر سکتی تھی۔ اسد محمد خاں نے نہایت متانت اور ذمے داری سے موضوع کو ہی نہیں سنبھالا، بلکہ وہ تلوار کی دھار پر قائم افسانے کے پورے ڈسکورس میں اور سب سے بڑھ کر کرداروں کے معاملے میں بھی کسی طرح کی افراط و تفریط کا شکار نہیں ہوئے ہیں۔

شموئل احمد نے اپنے ایک افسانے "عنکبوت" میں اسی مسئلے کو بیان کیا ہے۔ افسانے کا اختتامیہ کسی قدر جذباتیت اور خود افسانہ نگار کے شخصی غصے کا اظہار کرنے کے باوجود یہ افسانہ مؤثر بھی ہے اور ہمیں کئی طرح کے سنجیدہ سوالوں سے بھی دوچار کرتا ہے۔ افسانے کے مرکزی کردار میاں بیوی ہیں، جو الگ الگ چیٹنگ میں مصروف ہیں اور دیکھتے ہیں کہ دونوں virtual reality کی اس دنیا میں دراصل ریئلٹی ہی کی نفی نہیں کر رہے، بلکہ اپنی سماجی اقدار اور اپنے کردار کی بھی نفی کر رہے ہیں — اور دونوں اس حقیقت سے بے خبر یا لاتعلق رہتے ہیں۔ اب دیکھیے کہ ان کی آنکھیں کب کھلتی ہیں، اس وقت جب دونوں ایک دن لاعلمی میں ایک دوسرے سے chat کرتے ہیں۔ اس کے بعد شوہر کو گھر آکر کمپیوٹر پر کام کرتے ہوئے معلوم ہوتا ہے کہ اس کی بیوی تو اسی آئی ڈی سے chat کرتی ہے جس سے وہ ابھی اتنی برہنہ گفتگو کر کے آرہا ہے۔ یہ ہے غلاظت بھری اس تفریح کا ذلت سے بھرپور انجام۔ شموئل احمد نے سائبر پنک کے اس کھیل کو اس کی اصطلاحوں، زبان اور کنایوں کے ساتھ افسانے کا حصہ بنایا ہے۔ اس کے ساتھ ساتھ انہوں نے افسانے کے واقعات کی رفتار بھی اتنی ہی تیز رکھی ہے، جتنی اس دنیا کے اعمال و افعال کی رفتار ہوا کرتی ہے۔ اس طرح وہ اردو ادب کو زندگی کے تازہ ترین اور نہایت وحشت خیز مسئلے کے حوالے سے ایک مؤثر افسانہ دینے میں کامیاب رہے ہیں۔

انٹرنیٹ کی اسی بے حقیقت اور vulgar رشتے داری پر ایک اور افسانہ بھی توجہ طلب ہے، وہ ہے مشرف عالم ذوقی کا "واپس لوٹتے ہوئے"—Chat کرتا ہوا شادی شدہ مرد ورچوئل ریئلٹی کی اس دنیا میں ایک نوجوان لڑکی کے قریب آجاتا ہے۔ دو اجنبی دل ملنے لگتے ہیں، لیکن یہ ملاپ بھی ورچوئل ہے اور اسی طرح اخلاقی قدروں اور حجاب داری کے لطف سے عاری۔ تاہم ذوقی نے آگے چل کر اسے ایک طرف سیاست کے زاویے

سے جوڑ دیا اور دوسری طرف مرد اور عورت کے ازدواجی رشتے کے امور اس کے سماجی انسلاکات اور میاں بیوی کے رشتے میں وفا کے سوال سے مربوط کر دیا ہے۔ اس طرح یہ افسانہ ہمیں اس نئی دنیا کے کئی ایک سنجیدہ مسائل پر غور کرنے کا ایک زاویہ فراہم کرتا ہے۔

ان سب عناصر، عوامل اور مسائل کے انسانی دل و دماغ، اس کے اعصاب اور اس کی روح پر کیا اثرات ہیں؟ اکیسویں صدی کے افسانوی ادب کے مطالعے اور جائزے میں یہ ہمارا آخری سوال ہے۔ اس سوال کا یوں تو بلا واسطہ جواب ہمیں گزشتہ صفحات کے مباحث میں مل چکا ہے۔ تاہم اس سوال کی براہ راست ایک ذرا الگ تفتیش کی ضرورت یوں محسوس ہوتی ہے کہ ہم دیکھیں، عصری ادب نے اپنے عہد کے انسانی اور تہذیبی حقائق کو کس طور سے سہارا ہے۔ جتنا اہم یہ سوال ہے، اتنا ہی پریشان کن ہے اس کا جواب۔ اس لیے کہ اکیسویں صدی کا جدید اردو افسانہ متنوع صورتوں اور متعدد حوالوں کے ساتھ اس کا جواب فراہم کرتا ہے اور اس جواب کی ہر صورت ہمارے لیے ایک نئی تشویش اور نئی وحشت کی بنیاد بنتی ہے۔

***

عہد جدید اور انسانی احساس کی صورت گری

عناصر اور مظاہر کی اس کائنات میں انسان اور وقت کا گہرا اور لابدی رشتہ ہے۔ وہ رشتہ جو ازل سے ہے اور ابد تک رہے گا۔ فلسفیوں، ادیبوں اور شاعروں کے لیے انسان اور وقت کی حقیقت و ماہیت کا سوال بار بار توجہ کا مرکز بنتا آیا ہے۔ دونوں کے باہمی رشتے پر ہر دور اور ہر تہذیب کے بڑے ادیبوں، شاعروں اور اہلِ دانش نے غور کیا ہے، اس کو سمجھنے کی کوشش کی ہے اور اس کے بارے میں سوالات اٹھائے ہیں۔ اس حوالے سے مختلف نظریات کے لوگ مختلف جوابات اور آرا پیش کرتے آئے ہیں۔ کہیں وقت کی بڑائی تسلیم کی گئی ہے اور کہیں آدمی کو بڑا مانا گیا ہے۔ اس طرف والوں کے اپنے جواز ہیں اور اُس طرف والوں کی اپنی دلیلیں۔ تاہم ایک دلیل کا وزن آدمی کے پلڑے کو فیصلہ کن طور پر جھکاتا ہوا نظر آتا ہے۔ بے شک وقت بڑا ہے، ایک ایسے سمندر کی طرح ہے کہ جس کا دوسرا کنارہ دکھائی ہی نہیں دیتا۔ یہ زمانوں اور جہانوں کو محیط ہے، لیکن اس کا اثبات انسان کے ہونے سے ممکن ہے۔ گویا انسان نہیں ہے تو وقت بھی نہیں ہے۔

انسان کی حیثیت بے شک اس سمندر میں ایک کشتی سے بڑھ کر نہیں، لیکن یہ کشتی اس بحرِ کراں کی اڈتی، بپھرتی اور تند موجوں پر سفر کرتی ہے۔ یہ موجیں اس کشتی کو اچھالتی ہیں، تھپیڑے لگاتی ہیں، ہچکولے دیتی ہیں، سنبھالتی ہیں اور کبھی ڈبو بھی دیتی ہیں۔ یہ سب تو یقیناً ہوتا ہے، لیکن اگر یہ کشتی نہ ہو تو یہ سمندر اور اس کی بلاخیز موجیں سب ہی کچھ تو بے کار ہے، بے معنی ہے۔ گویا وہی بات ہے کہ دیکھنے والی آنکھ نہ ہو تو کسی وجود، کسی

رنگ، کسی روپ، کسی روشنی اور کسی حسن کے کوئی معنی نہیں۔ دیکھنے والی آنکھ ہی دراصل کسی وجود کو حقیقت بناتی ہے ورنہ وہ محض ایک خیال ہے۔ گفتگو کے بس اس مرحلے سے آگے مذہب کی اقلیم اور فلسفے کے دائرۂ کار کا آغاز ہوتا ہے، یہاں سے Being اور Nothingness یا وجود و عدم کی دقیق بحث شروع ہوتی ہے، جس میں آگے چل کر جبر و قدر کے مسائل در آتے ہیں، لیکن ہمیں اس بحث میں نہیں پڑنا۔ ہمارے لیے اتنا جان لینا فی الحال بہت ہے کہ اس وسیع و عریض کائنات میں انسان بے شک ایک معمولی ذرّے سے زیادہ کی اوقات نہیں رکھتا، وہ خواہ کچھ بھی ہے لیکن یہ طے ہے کہ اس جہانِ رنگ و بو کی ساری رونق اُسی کے دم سے ہے۔ اگر وہ خود نہ ہو تو اس کائنات کا ہونا اور نہ ہونا دونوں برابر ہو کر رہ جاتے ہیں۔

اب انسان کو دیکھیے تو اس کا معاملہ بھی عجیب ہے۔ ایک طرف وہ ادیانِ عالم ہیں جو انسان کو اس کائنات کی جملہ مخلوقات میں سب سے افضل و اعلیٰ حیثیت کا حامل بتاتے ہیں اور دوسری طرف وہ فلسفے اور نظریات ہیں جو اُس کی بے مایگی، پژمردگی اور لایعنیت سے بحث کرتے ہیں۔ اُن کی رُو سے تو انسان کو عناصر کی اس عمیق و بسیط کائنات میں محض ایک ذرّۂ بے نشاں کہنا بھی گویا کوئی دعویٰ کرنے کے مترادف ہے، لیکن ان سب آرا اور خیالات کے مابین وہ مسئلہ اپنی جگہ اہم ہے جس کی طرف غالب نے یہ کہہ کر اشارہ کیا تھا،

ہر چند ہو مشاہدۂ حق کی گفتگو
بنتی نہیں ہے بادہ و ساغر کہے بغیر

سو بس یوں ہے کہ ہم انسان کے بغیر یہ دنیا، اس کے مظاہر، اس کی حقیقتیں اور اس کا احوال کچھ بھی تو نہیں سمجھ سکتے۔ یہ سب کچھ سمجھنے کے لیے ہمیں ایک میڈیم کی ضرورت ہے اور وہ ہے انسان۔ چنانچہ ہمارے لیے اُس کے بغیر کسی شے کا وجود ہے اور نہ

ہی کسی وجود کے کوئی معنی ہیں۔ اس امر کی تصدیق الہامی ادیان خود بھی کرتے ہیں، جن میں ارشادِ باری اس کائنات کی اور انسان کی غایت بتاتا ہے کہ اُس نے انسان کو اور اس دنیا کو اس لیے خلق کیا تاکہ وہ پہچانا جائے۔ انسان کی محکم حیثیت کا یہ سب سے بڑا اعتراف ہے۔ خالق نے چاہا کہ وہ پہچانا جائے تو یہ کائنات اور اس کی مخلوقات وجود میں آئیں۔ کائنات کی جملہ مخلوقات میں یہ درجۂ شعور انسان کو عطا کیا گیا کہ وہ خالق کو پہچانے اور اس کا اقرار کرے، اور ہاں یہ اختیار اسے دیا گیا کہ چاہے تو انکار کر دے۔ شعور و اختیار کا یہی وہ اختصاص ہے جو انسان کو اس کائنات میں اشرف المخلوقات کے درجے پر فائز کرتا ہے۔

اب شعور و اختیار کی اسی صلاحیت کو پیشِ نظر رکھتے ہوئے معلومہ انسانی تاریخ پر نگاہ کیجیے تو لازم آتا ہے کہ مانا جائے، انسان واقعی بہت غیر معمولی اور نہایت عجیب مخلوق ہے۔ اس کی صلاحیتوں کے بارے میں حتمی طور پر کچھ نہیں کہا جا سکتا۔ معجزے بے شک اس کے اختیار میں نہیں ہوتے، لیکن اس حقیقت کو بھی نہیں جھٹلایا جا سکتا کہ جو کچھ یہ کر گزرتا ہے، وہ اپنی جگہ پر کسی طرح معجزے سے کم بھی نہیں ہوتا۔ اپنی ساری حدود اور قید و بند کے باوجود انسان وہ کچھ کر دکھاتا ہے جو اس حد تک حیرت افزا ہوتا ہے کہ جیسے کوئی جادو یا جیسے کوئی کرشمہ۔ نگاہ اٹھا کر دیکھیے اور سوچیے کہ آج علم و فکر سے لے کر سیر و سیاحت تک اور سیاست و معیشت سے لے کر سائنس اور ٹیکنولوجی تک کون سا میدان ہے جہاں انسان نے کرشمہ کاری کی حیرت زا استعداد کا مظاہرہ نہیں کیا ہے۔ کہکشاؤں کی تسخیر، ایٹم کی ایجاد کے بعد روبوٹ سازی تک آتے آتے وہ بتا رہا ہے کہ اب وہ "یزداں بکمند آور" کے مرحلے تک آ پہنچا ہے۔

کہا جاتا ہے کہ آدمی کی بہترین صلاحیتوں کا اظہار اُس کے بدترین حالات میں ہوتا

ہے۔ یہ بات محاورتاً ہی نہیں، بلکہ عملاً بھی صد فی صد درست ہے۔ اس کی وجہ یہ ہے کہ حالات کی خرابی کے شدید دباؤ میں انسان کی وہ صلاحیتیں بھی جاگ اٹھتی ہیں جو عام حالات میں خوابیدہ رہتی ہیں۔ توانائی اور قوت کا ایک خاموش ذخیرہ آدمی کے اندر ہوتا ہے، حالات کا دباؤ اسے متحرک کر دیتا ہے اور وہ اسی طرح پھوٹ کر بہہ نکلتا ہے جیسے لاوا۔ یہ بھی ہے کہ تحفظِ ذات کی جبلی خواہش ان حالات میں فطری طور پر کام کرنے لگتی ہے۔ ایسے میں انسان اُن صورتوں اور چیزوں پر بھی غور کرتا ہے جنھیں عام حالات میں وہ قابلِ توجہ ہی نہیں سمجھتا۔ یوں وہ اپنے لیے وہاں بھی راستہ پیدا کرلیتا ہے جہاں اس سے پہلے اُسے بظاہر کوئی راستہ دکھائی ہی نہیں دیتا۔ دیکھا جائے تو ایک طرح سے یہ وہی تنگ آمد بجنگ آمد کا معاملہ ہے، یعنی جب کوئی اور صورت نہیں بچتی تو پھر آدمی کے لیے اپنے بچاؤ کی صورت نکالنا ناگزیر ہو جاتا ہے، اور وہ یہ راستہ نکال کر ہی رہتا ہے۔

انسانی تاریخ کے اس سے پہلے جتنے بھی تاب ناک ادوار گزرے ہیں، اگر اُن کا آج کی اس نئی زندگی سے موازنہ کیا جائے تو باآسانی یہ فیصلہ کیا جاسکتا ہے کہ عہدِ حاضر کے انسان کی زندگی میں پہلے دور کے انسان کے مقابلے میں سہولتیں اور آسائشیں بہت زیادہ ہیں۔ ایسا کسی ایک خاص شعبے میں نہیں ہے، بلکہ زندگی کے جس شعبے میں چاہے دیکھ لیجیے، ذرائعِ نقل و حمل، صحت اور تعلیم سے لے کر غذا، علاج اور تفریح تک ہر شعبے میں جو کچھ آج کے انسان کو میسر ہے، ان میں بہت سی چیزیں ایسی ہیں جن کے بارے میں چند دہائی پہلے کا انسان صرف خواب ہی دیکھ سکتا تھا اور شاید بعض کا تو خواب بھی نہیں۔ خواب وخیال کا درجہ رکھنے والی کتنی ہی اشیا آج افراط کے ساتھ سماج کی کثیر تعداد کو نہایت آسانی سے میسر ہیں۔

آج آپ اور ہم جس طرح ہوائی جہاز میں سفر کرتے ہیں اور ہزاروں میل کا فاصلہ

صرف چند گھنٹے میں کسی دشواری کے بغیر جس طرح مزے سے طے کر لیتے ہیں، پچھلی دنیا میں اڑن کھٹولے کے خواب بھی ایسے نہ تھے۔ اسی طرح پچاس باون ڈگری سینٹی گریڈ کی گرمی میں جس طرح ہم ایئر کنڈیشنڈ کمرے میں سہولت سے بیٹھتے ہیں، پہلے خس کی ٹٹیاں لگوانے اور مور چھل جھلانے والے غلاموں کے آقا اور وسیع و عریض دنیا پر حکومت کرنے والے بادشاہ بھی اس آسائش کا تصور نہیں کر سکتے تھے۔ علاج معالجے کا پہلے یہ عالم تھا کہ خون میں شامل ہو جانے والا فاسد مادّہ جسم سے نکلوانے کے لیے جو نکیں لگائیں جاتی تھیں جو گھنٹوں پہروں انسان کا خون چوستی رہتی تھیں۔ آج یہ کام دوائیں اتنی سرعت اور سہولت سے کرتی ہیں کہ پہلے جس کا تصور بھی محال تھا۔ تیمور جیسے فاتح سالار اور بادشاہ کی ٹانگ میں لنگ اس لیے آگیا تھا کہ اسے علاج کی یہ سہولت فراہم نہ تھی جو آج آپ کو اور ہم سب کو بڑی آسانی سے میسر ہے۔ رسل و رسائل کی سہولت کو دیکھ لیجیے۔ ہزاروں میل دُور کی دنیا میں ایک واقعہ ہوتا ہے اور چند ہی منٹ بعد آپ اسے تفصیلات کے ساتھ جان لیتے ہیں۔ پہلے لوگ سفر پر روانہ ہوتے تھے تو ہفتوں میں خیر خبر خط کے ذریعے ملتی تھی۔ آج ہم اور آپ ہمہ وقت ساری دنیا سے رابطے میں اور یہ رابطہ آپ کی متحرک تصویر کے ساتھ ہوتا ہے۔ کیسا انقلاب آیا ہے، جیسے کسی نے جادو کی چھڑی گھما دی ہو۔ سو سوا سو برس پہلے کی دنیا کا کوئی شخص اگر اس دنیا میں کسی طور آ جائے تو آج کے انسان کی زندگی کے مظاہر پر اس کے لیے یقین کرنا محال ہو گا۔ وہ کہے گا کہ یہ سارا تماشا محض خواب ہے۔

آپ اور ہم ایسا نہیں کہتے، بلکہ مانتے ہیں کہ یہ سب سچ ہے۔ اگر واقعی سچ ہے جو کہ ہے تو پھر لازمی بات ہے کہ ان سب نعمتوں، سہولتوں اور آسائشوں کے ساتھ زندگی گزارنے والا انسان بہت خوش قسمت تصور کیا جانا چاہیے۔ یقیناً اُسے خود بھی اپنی خوش

قسمتی کا احساس ہو گا اور وہ اس پر نازاں بھی ہو گا۔ کیوں نہ ہو کہ جب اُس کے پرکھوں کے دیکھے ہوئے کیا کیا خواب اس کی روز مرہ زندگی کی حقیقت بن گئے ہیں۔ بس یہی پہلو غور طلب ہے۔ دیکھنا چاہیے کہ کیا واقعی آج کا انسان اپنی زندگی اور اس کی صورتِ حال سے خوش ہے۔ یہ کیا؟ ہماری آنکھوں کے آگے تو کوئی اور ہی منظر ہے۔ ہم دیکھتے ہیں کہ آج کا انسان زیادہ پریشان ہے۔ وہ مسلسل اداس رہتا ہے۔ تنہائی کا احساس اس کے اندر دیمک کی طرح اتر گیا ہے۔ خوف کے سائے ہر وقت اس کے سر پر منڈلاتے رہتے ہیں۔ ایک وحشت ہے کہ تواتر کے ساتھ اُس کی جان کو لگی رہتی ہے۔ ایک اضمحلال ہے کہ مسلسل اُس کی ہمت اور حوصلے کو اندر ہی اندر پیے چلا جارہا ہے۔ رنج کی ایک آکاس بیل ہے کہ اُس کے وجود سے لپٹی ہوئی پھیلتی چلی جاتی ہے۔ اس کی روح بے یقینی کے پہاڑ تلے دبی جارہی ہے۔ اجنبی آوازوں، دل شکن واہموں اور جان لیوا وسوسوں نے اسے پژمردہ کر دیا ہے، اُسے کھانے کو کیا کیا میسر ہے، لیکن طبیعت جیسے کسی طرح کھانے پر آمادہ نہیں ہوتی۔ اس کے برعکس بھی ہو جاتا ہے، یہ کہ کھاتا ہے، کھائے چلا جاتا ہے، لیکن بھوک مٹتی ہی نہیں۔ جسم میں توانائی کا احساس ہی پیدا نہیں ہوتا۔ تادیر اور پرسکون ماحول کی نیند کے باوجود یوں محسوس کرتا ہے کہ جیسے سویا ہی نہیں یا گھڑی بھر کے بعد ہی کچی نیند سے جاگ اٹھا ہے۔ طبیعت میں بشاشت ہے نہ ہی دل میں امنگ۔ ایک مسلسل تھکن اور بیزاری کا نام ہے گویا زندگی۔ آخر کیوں؟

خیال رہے کہ ایسا آپ اور ہم یا کسی ایک مخصوص سماج کے لوگ ہی محسوس نہیں کر رہے، اب یہ ایک عالمی سطح کی مسلمہ سچائی ہے۔ اس کا اعتراف واشگاف الفاظ میں کیا جارہا ہے۔ اس عہدِ جدید کے انسان کی نبض پر ہاتھ رکھنے والے ادارے کہتے ہیں کہ انسانی رویوں میں آج بیزاری اور تھکن سب سے نمایاں ہیں اور یہ کیفیت اُسے لایعنیت کے

گہرے احساس سے دوچار کرتی ہے۔ اس کا سبب وہ ڈپریشن کو بتاتے ہیں۔ یہ کہتے ہیں کہ دنیا میں ڈپریشن کا تناسب پریشان کن حد تک تیزی سے بڑھ رہا ہے۔ وہ افراد اور ادارے جو اس مسئلے پر تحقیق کرتے ہیں، وہ اس کے روز افزوں تناسب کو تشویش کی نگاہ سے دیکھتے ہیں۔ اس لیے کہ گہرے ڈپریشن میں انسان میں خودکشی کا رجحان پیدا ہوتا اور تیزی سے بڑھتا ہے۔

ظاہر ہے، یہ پریشانی اور خوف کی بات ہے، لیکن اس سے بھی زیادہ ہول ناک بات یہ ہے کہ ڈپریشن کی اس کیفیت میں انسان اپنے لیے ہی نہیں، دوسروں کے لیے بھی ضرر رساں ہو جاتا ہے۔ ڈپریشن کا شکار ہونے والے بعض افراد خودکشی کے بجائے یا خودکشی سے پہلے اپنے آس پاس کے لوگوں کو نقصان پہنچانے کی ذہنی رَو کا شکار ہوتے ہیں۔ گزشتہ برسوں میں یورپ اور امریکا میں ایسے درجنوں واقعات ہو چکے ہیں کہ ایک شخص نے بھرے بازار میں نہتے انسانوں پر گولیاں برسانی شروع کر دیں، یا کسی اسکول، کالج یا یونی ورسٹی یا ایسے ہی کسی اور ادارے میں گھس کر معصوم اور بے گناہ لوگوں کو موت کے گھاٹ اتار دیا۔ بعد ازاں خود کو بھی ختم کر لیا، یا پھر سیکیورٹی کے اداروں کی جوابی کارروائی کے نتیجے میں مارا گیا۔ تحقیقاتی رپورٹس نے بعد میں اس حقیقت کا انکشاف کیا کہ یہ عمل ایکیوٹ ڈپریشن میں کیا گیا تھا۔

خود کو نقصان پہنچانے اور خودکشی کے واقعات تو اس قدر بڑھ گئے ہیں کہ اس تناسب کو دیکھتے ہوئے اس شعبے کے ماہرین اور معالجین کا خیال ہے کہ اگر اس مسئلے پر قابو نہ پایا جاسکا تو محض ڈیڑھ دہائی کے عرصے میں یورپ کی لگ بھگ ایک چوتھائی سے زیادہ آبادی اس کا شکار ہو رہے گی۔ اس قبیل کے جائزے اور اعداد و شمار عام افراد یا ذیلی اداروں کے مرتب کردہ نہیں ہیں، بلکہ ورلڈ ہیلتھ آرگنائزیشن جیسے بین الاقوامی ادارے

ان حالات کی نشان دہی کر رہے ہیں۔ اس ضمن میں ایک اور پہلو پر بالخصوص تشویش کا اظہار کیا جارہا ہے، وہ یہ کہ ڈپریشن کا فروغ سماج کے پس ماندہ، اوسط اور اعلیٰ، یعنی تینوں طبقات میں ہو رہا ہے۔ تعلیم یافتہ اور خوش حال زندگی گزارنے والے افراد بھی اس مرض کا شکار ہو رہے ہیں، بلکہ ان میں یہ تناسب پس ماندہ طبقے کے مقابلے میں زیادہ ہے۔ اعلیٰ طبقے کے افراد جنھیں زندگی کی تمام سہولتیں اور آسائشیں میسر ہیں، اور اس کے ساتھ ساتھ علاج کی بھی ہر ممکن آسانی فراہم ہے، وہ بھی دیکھتے ہی دیکھتے ڈپریشن کی اس سطح پر پہنچ جاتے ہیں جہاں انھیں خودکشی کے سوا کوئی چارہ نظر نہیں آتا۔

حالیہ دنوں میں سامنے آنے والی مثالوں کو دیکھا جائے تو ان افراد کا تعلق اداکاری کے شعبے، کاروباری طبقے اور مسلح افواج سے نسبتاً زیادہ ہے۔ ابھی چند روز پہلے خبر آئی ہے کہ معروف اداکار جیکی چن کی جواں سال بیٹی نے بھی خودکشی کی کوشش کی ہے۔ وہ زندگی جو بظاہر نعمتوں، آسائشوں اور سہولتوں سے معمور نظر آتی ہے، ڈپریشن کے جراثیم اس میں بھی سرایت کر جاتے ہیں اور ویسے ہی نتائج پیدا کرتے ہیں جو اس کے مقابلے میں ناآسودہ زندگی میں دکھائی دیتے ہیں، بلکہ بعض اوقات اس سے بھی زیادہ تباہ کن۔ اس مسئلے نے ماہرین اور معالجین کو فکر مند کیا ہوا ہے۔

سوال کیا جاسکتا ہے کہ آخر زندگی کی اتنی سہولتوں اور آسائشوں کے ہوتے ہوئے وہ کیا شے ہے جو آدمی کے اندر ایسی توڑ پھوڑ کرتی ہے کہ پھر اُس کا جی اس جینے سے ہی اٹھ جاتا ہے۔ نازو نعمت کے ہوتے ہوئے آخر کیا ہوتا ہے کہ آدمی خود اپنی جان کا دشمن ہو جاتا ہے؟ کہا جاتا ہے کہ آج کے آدمی کی زندگی بہت مصروف ہوگئی ہے، اتنی کہ اُس کے پاس خود اپنے لیے، یعنی اپنی خلوت کی دنیا کے لیے کوئی وقت باقی نہیں رہا۔ یہ خیال غلط بھی نہیں ہے۔ تو پھر سوال یہ ہے کہ آخر کس وجہ سے آدمی اتنا وقت نکال لیتا ہے کہ

وہ صرف خود کو دیکھے اور وہ بھی محض مغائرت کی نگاہ سے؟ آخر کس بنیاد پر وہ اپنے آپ سے اتنا رنجیدہ ہو جاتا ہے اور خود کو اتنا قابلِ نفرت سمجھنے لگتا ہے کہ موت کے سوا اُسے کوئی راستہ نظر ہی نہیں آتا؟ خودکشی کا لمحہ اچانک تو نہیں آتا ہوگا، احساس کی کوئی ایک رَو انسان کو کشاں کشاں اس مرحلے تک لاتی ہوگی۔ ایسا آخر کیا ہوتا ہے کہ اکثر لوگ جو اس مرض میں مبتلا ہوتے ہیں، وہ خود بیزاری کے اس مرحلے تک پہنچ جاتے ہیں اور اپنا خاتمہ کیے بغیر نہیں رہتے؟ اس ساری ترقی کے باوجود عہدِ جدید کا سماجی اور سائنسی نظام دونوں مل کر بھی آدمی کو اس مرحلے سے بچانے میں ناکام رہتے ہیں، اس کی کیا وجہ ہے؟ یہ اور ایسے ہی اور بھی کتنے سوالات ہیں جو ہمیں سوچنے پر مجبور کرتے ہیں۔

یہ ساری باتیں، سوال، تجزیے اور اعداد و شمار تو بہرحال آج ہمارے سامنے آئے ہیں، یعنی حالیہ برسوں میں توجہ کا مرکز بنے ہیں، لیکن دیکھنے والی آنکھوں نے اس سے پہلے اس بات کا اندازہ لگالیا تھا کہ عہدِ جدید کی یہ دنیا کس راستے پر آگے بڑھ رہی ہے اور انسان آگے چل کر کس صورتِ حال سے دوچار ہوگا۔ اہلِ مشرق میں یا چلیے دوسرے لفظوں میں ہم کہہ سکتے ہیں کہ روایتی تہذیبی معاشروں میں تو ایسے اہلِ نظر موجود رہے ہیں جو دنیا کی بدلتی ہوئی روش کو دیکھ کر پہلے سے تشویش اور تردّد کا اظہار کرتے آئے ہیں۔ اس لیے کہ یہاں کے تہذیبی، سماجی، فکری اور ادبی مزاج میں انسان کی داخلی دنیا کو ہمیشہ اہمیت دی جاتی رہی ہے۔ لٰہذا یہاں انسان کا داخلی منظرنامہ یا احساس کی رو مسلسل توجہ کا مرکز رہی ہے۔ البتہ مغرب کا مزاج رینے ساں کے بعد بہت حد تک بدل گیا تھا اور خارجی دنیا پر اس کی توجہ نسبتاً زیادہ مرکوز ہوگئی۔ اشیا، افراد، واقعات، بلکہ پورا سماج ایک فیس ویلیو پر چلنے لگا۔ داخلی حوالے یا اندر کی گواہی سے کسی کو سروکار ہی نہ رہا۔ اس کا فائدہ کیا ہوا اور نقصان کیا، یہ ایک الگ اور قدرے تفصیلی بحث ہے، سو اس کو پھر کسی اور

موقعے پر دیکھیں گے۔ خیر، ایسا تو نہیں ہوا کہ مغرب میں اس عرصے میں اہلِ نظر ہی نہ آئے ہوں۔ اگر اس زیرِ بحث مسئلے کے تناظر میں آج کے مغرب کی ترقی یافتہ دنیا کو سامنے رکھا جائے تو وہاں بھی ہمیں ایسے بعض اہلِ دانش دکھائی دیتے ہیں جنھوں نے حالات کے تغیر کو پیشِ نظر رکھتے ہوئے علی الاعلان اس امر کا اظہار کیا تھا کہ ان کے دور کا انسان اور اس کی دنیا خرابی کے اس راستے پر جا پڑے ہیں جو مکمل تباہی کی طرف جاتا ہے۔

اس ضمن میں سب سے اہم نام تو یقیناً فرانس کے عالم رینے گینوں کا ہے جنھوں نے مشرقی تہذیبوں کا گہری نگاہ سے مطالعہ کیا تھا۔ اس مطالعے کی روشنی میں انھوں نے اس راز کو سمجھ لیا تھا کہ آدمی کی مکمل شخصیت، اصل میں اکائی کی طرح قائم ہوتی ہے اور وقت کے تغیرات کے زیرِ اثر ٹوٹنے سے کیوں کر محفوظ رہتی ہے۔ مشرقی تہذیبوں کے تناظر میں انھوں نے یہ بھی جان لیا تھا کہ کوئی تہذیب اپنے افراد کی روح کی پاس داری کس طرح کرتی ہے۔ اس معاملے کو سمجھنے کے بعد جب انھوں نے اپنے سماج اور اُس میں آنے والی تبدیلی کو دیکھا اور وقت کے بدلتے ہوئے قدموں کی چاپ سنی تو انھوں نے مغرب کے لیے کہا تھا کہ وہاں عہدِ جدید ایک طوفان کی صورت آرہا ہے، ایک ایسے طوفان کی طرح جس کے آگے کوئی بند نہیں باندھا جاسکتا۔ وہ سمجھ گئے تھے کہ اس طوفان کو روکا تو نہیں جاسکتا، البتہ انھوں نے دیکھا کہ بچاؤ کی ایک صورت نکل سکتی ہے، یعنی اس زمانے میں ایک کام کیا جاسکتا ہے اور وہی سب سے ضروری کام ہے، یہ کہ تہذیب کے بیج کو یعنی اس کی بنیاد کو بچایا جائے۔ یہ ٹھیک ہے کہ وقت ہر تہذیب پر اُس کے مخصوص حالات اور اس کی داخلی کیفیت کے مطابق اثر انداز ہوتا ہے، لیکن اُس کے اثرات سبھی سمتوں تک پہنچتے ہیں۔ چناں چہ مغرب کی ہوائیں صرف مغرب تک نہیں رہ سکتی تھیں،

انھیں شمال، جنوب اور مشرق تک بھی جلد یا بدیر پہنچنا ہی تھا۔ جدید دنیا کے اس منظرنامے کو سامنے رکھتے ہوئے ہم دیکھ سکتے ہیں کہ اب مغربی طرزِ فکر کی یہ ہوائیں دنیا کے دوسرے خطوں اور معاشروں میں کہاں کہاں تک پہنچ چکی ہیں اور کیا کیا گل کھلا رہی ہیں۔

رینے گینوں کی متعدد کتابیں ہیں جن میں انھوں نے بالخصوص مغرب کے تناظر میں اس عہد کے مسائل اور اس کی صورتِ حال کا نہایت گہرائی میں تجزیہ کیا ہے، اور اُن کے بارے میں نہایت بصیرت افروز باتیں کی ہیں۔ اُن کی دو کتابیں خصوصیت کے ساتھ ان مباحث سے تعلق رکھتی ہیں، ایک ہے Reign of Quantity اور دوسری ہے Crisis of the Modern World۔ رینے گینوں کا کہنا ہے کہ عہدِ جدید کی ایک اہم علامت صنعت کا غیر معمولی، بلکہ غیر عقلی فروغ بھی ہے، جس نے مقدار سے بنیادی طور پر سروکار رکھا ہے۔ انسانی سماج میں اس سے پہلے ہر معاملے میں معیار کو فوقیت حاصل تھی، لیکن اب یہ دور مقدار کی جیت کا زمانہ ہے۔ آج معیار آدمی کا مسئلہ نہیں رہا ہے۔ یہ بات اب صرف صنعت کے شعبے تک بھی محدود نہیں رہی، بلکہ سماج کے ہر شعبے میں اب یہی رویہ کار فرما ہے۔ پہلے اشیا اور اُن کو بنانے والے ادارے پائیداری کے حوالے سے اپنی ایک شناخت رکھتے تھے۔ یہ کنزیوم ایبل پروڈکٹس کا دور ہے۔ اس کی نمائندگی اشیا میں دراصل ٹیشو پیپر کرتا ہے جو محض وقتی اور فوری استعمال کی چیز ہے۔ پائیداری کے تصور سے اس کا کوئی علاقہ نہیں ہے۔ آج یہی تصور کتنی ہی دوسری اشیا میں بھی رائج ہو چکا ہے۔

پہلے کسی بھی شعبے اور اس کی مصنوعات کے معاملے میں معیار کا وہی درجہ تھا جو انسانی وجود کے لیے روح کا ہوتا ہے۔ معیار سے توجہ ہٹنے کا اس کے سوا اور کوئی مطلب

نہیں کہ آج انسان ہر قیمت پر منفعت کے حصول کے لیے کوشاں ہے۔ معیار کا تعلق عینیت سے ہے۔ اس طرح وہ ایک غیر مادّی شے ہے۔ جب کہ اس دور میں انسان کے لیے غیر مادّی یا غیر منفعت بخش شے کی کوئی اہمیت نہیں رہی۔ اس حقیقت کا اثر انسانی زندگی اور اس کے رویوں پر یہ ہوا کہ اب مادّیت اور وجودیت ہی کو سب کچھ سمجھ لیا گیا ہے۔ روح اور اُس کی فلاح کے تقاضوں پر اب آدمی کا دھیان ہی نہیں ہے۔ انسان کی کامیابی اور سماج میں اس کی حیثیت کا انحصار اب صرف اُس کے مادّی پہلو پر ہے۔ چناں چہ آج انسان کی مادّی حیثیت ہی اس کے سماجی اثر و رسوخ کا دائرہ متعین کرتی ہے۔ علم، فکر، اخلاق اور کردار جیسے غیر مادّی پہلو اب درخورِ اعتنا نہیں سمجھے جاتے۔ خیال کیا جاتا ہے کہ اس دور میں انسانی قدر و منزلت کے تعین کے لیے ان میں سے کسی کا بھی کوئی کردار باقی نہیں رہا۔ حقیقت یہ ہے کہ انسان جس اکائی کا نام ہے، وہ وجود اور روح کے ملنے سے تشکیل پاتی ہے۔ لہٰذا متوازن طرزِ احساس کے لیے دونوں ہی کا لحاظ ضروری ہے۔ انسانی زندگی میں وجودی ضرورتوں کی نفی کی جاسکتی ہے اور نہ ہی روحانی تقاضوں کو فراموش کیا جاسکتا ہے۔ ان میں سے جس جہت میں بھی کمی یا کم زوری واقع ہوگی، وہ انسانی شخصیت میں خلا پیدا کرے گی۔ رینے گینوں کہتے ہیں کہ مقدار کی اہمیت اور معیار کا غیر اہم ہو جانا ظاہر کرتا ہے کہ عہدِ جدید کے انسان کی زندگی میں سے وجود اور روح کا توازن ختم ہو گیا ہے، جس نے اسے بحران میں مبتلا کر دیا ہے۔

اس عہد کی صورتِ احوال کو دیکھتے ہوئے مارٹن لنگز نے اپنی کتاب Ancient Beliefs and Modern Superstitions میں اس دور کے انسان کی زندگی کے ان پہلوؤں سے بحث کی ہے جن کے ذریعے اُس کے اندیشوں اور توہمات کا اظہار ہوتا ہے۔ مارٹن لنگز نے پرانے روایتی معاشرے کے انسان کی زندگی کے تقابل میں آج کی

انسانی صورتِ حال کو رکھا ہے۔ وہ کہتے ہیں، پہلے انسان کے پاس یقین کی طاقت تھی۔ یہ طاقت اُسے اعتقاد اور ایمان نے دی تھی۔ مارٹن لنگز کا اس نکتے پر اصرار ہے اور انھوں نے اسے بیان بھی بہت صراحت سے کیا ہے کہ ایمان محض ایک مجرد اصطلاح نہیں ہے، بلکہ یہ ایک ٹھوس عملی زندگی کا نام ہے۔ ایک ایسی زندگی جس میں اشیا کی اپنی جگہ ہے، لیکن ان کے ساتھ اور ان سے کہیں زیادہ اہم جگہ انسان اور اس کے خالق کی ہے۔ یہ اس دور کے انسان کا بہت بڑا اور بنیادی مسئلہ ہے کہ وہ یقین کی قوت سے محروم ہو گیا ہے۔ یہی وجہ ہے کہ اس محرومی کے نتیجے میں وہ اندیشوں، واہموں اور الجھنوں میں گھر کر رہ گیا ہے۔ ان سے بچنے کے لیے وہ وقتی ضرورتوں، مادّی اشیا اور آسائشوں میں پناہ ڈھونڈتا ہے۔ کچھ وقت کے لیے اسے امان مل بھی جاتی ہے، بہلاوا قائم بھی ہو جاتا ہے، لیکن جلد ہی اشیا کی بے قیمتی اور انسانی زندگی سے اُن کا سرسری اور وقتی تعلق واضح ہو جاتا ہے۔ جب ایسا ہوتا ہے تو پھر اشیا کو حاصلِ حیات سمجھنے والا انسان انکشاف کے اس عمل کے نتیجے میں شدید اور گہرے دباؤ کی کیفیت سے گزرتا ہے اور خود کو بے آسرا محسوس کرتا ہے۔ روایتی معاشرے کے انسان کے پاس جو ایمان کی قوت تھی وہ اسے کسی بھی طرح اس سطح پر نہیں آنے دیتی تھی، اسے بے امان نہیں ہونے دیتی تھی۔ اس عہد کے انسان نے اپنی یہ تقدیر اپنے ہاتھ سے لکھی ہے، اور اب وہ اسی کی وجہ سے دکھ اٹھا رہا ہے۔

جدید دنیا کے انسان کے روحانی بحران پر مارٹن لنگز نے ایک اور زاویے سے سے گفتگو اپنی کتاب The Eleventh Hour میں کی ہے۔ اس کتاب میں انھوں نے اس عہد کی صورتِ حال کو نبوت اور روایت کی روشنی میں دیکھا ہے۔ اُن کا کہنا ہے کہ اس دور کا ذہنی، اخلاقی اور روحانی منظرنامہ جس انحطاط کا شکار اور الجھنوں میں گھرا ہوا نظر آتا ہے، یہ دراصل تکوینی صورتِ حال ہے۔ انھوں نے ایک طرف الہامی مذاہب یعنی

اسلام، عیسائیت اور یہودیت کے تناظر میں اور دوسری طرف ہندوازم اور بدھ ازم وغیرہ کے حوالے سے اس امر کی نشان دہی کی ہے۔ انھوں نے ادیانِ عالم کے تناظر میں دنیا اور اس میں انسانی صورتِ حال کے بارے میں مستقبل کے حوالے سے جو نقشہ پیش کیا گیا ہے، اس کے مطابق انسانیت پہلے شر کی انتہا پر جائے گی اور پھر واپس خیر کی طرف آئے گی۔ مارٹن لنگز کے بقول اس عہد کی گنجلک اور ابتر صورتِ حال جس میں خیر تیزی سے بے اثر اور شر اسی رفتار سے موئثر ہو رہا ہے، اسی امر کی غماز ہے۔ وہ کہتے ہیں کہ عہدِ جدید میں شر کا بڑھتا ہوا غلبہ اور خیر کی پسپائی دراصل تکوینی عمل کا منظر نامہ ہے۔ انسان کے خمیر میں چوں کہ خیر کا عنصر رکھا گیا ہے، اس لیے وہ خیر کی طرف ضرور لوٹ کر آئے گا، لیکن اس سے پہلے یہ زمانہ شر کے دائرے کی تکمیل کا عرصہ ہے۔ اس لیے آج ہر طرف شر غلبہ پاتا ہوا اور مختلف شکلوں میں بڑھتا اور پھیلتا ہوا نظر آرہا ہے۔

عہدِ جدید کے مسائل اور اس کی صورتِ حال کے حوالے سے لارڈ ناتھ بورن نے بھی قابلِ غور نکات پیش کیے ہیں۔ اپنی کتاب Looking Back on Progress کے پہلے ہی باب میں انھوں نے بڑی وضاحت اور قطعیت کے ساتھ اس نکتے پر محکم دلائل کے ساتھ اصرار کرتے ہوئے گفتگو آگے بڑھائی ہے کہ عہدِ جدید میں دنیا کی گنجلک اور ناخوش گوار صورتِ حال یہ ثابت کرتی ہے کہ اشیا کی فراہمی کے ذریعے انسانی زندگی کے خارجی حالات کی تبدیلی سے جن نتائج کی امیدیں لگائی گئی تھیں، وہ اب تک پوری نہیں ہوئی ہیں اور نہ ہی آگے چل کر ان کے بر آنے کی کوئی واضح اور یقینی صورت نظر آتی ہے، الّا یہ کہ ان نتائج کے حصول کے لیے فکری، سماجی اور معاشی دائروں میں کیے جانے والے اقدامات کی رفتار اور اُن کے تناسب کو بڑھایا جائے۔

یہ ایک اہم نکتہ ہے۔ اس لیے کہ مقصد کے حصول کے لیے اقدامات اگر اس سطح پر

نہیں ہورہے جس پر اُن کی ضرورت ہے تو ان سے مطلوبہ نتائج حاصل نہیں کیے جاسکتے۔ تاہم آگے چل کر بورن ایک اور اہم، بلکہ زیادہ اہم سوال اٹھاتے ہیں۔ سوال یہ ہے کہ مزید تگ و دو سے پہلے ضروری ہے کہ دیکھا جائے انسانی زندگی میں تبدیلی کے لیے جو ذرائع اختیار کیے گئے ہیں، وہ واقعتاً مؤثر بھی ہیں کہ نہیں؟ علاوہ ازیں ان کے نزدیک اس امر کا جائزہ بھی ضروری ہے کہ انسانی ترقی اور فلاح کے جو اہداف مقرر کیے گئے ہیں، کیا ان کی سمت درست بھی ہے کہ نہیں؟ بس یہی سوال عہدِ جدید کی انسانی صورتِ حال کی حقیقت کو ہمارے سامنے کھول کر رکھ دیتا ہے۔ ہم دیکھتے ہیں کہ اس عہد میں انسانی مسائل کا معاملہ روحانی نوعیت کا ہے، جب کہ انسانی فلاح کا جو راستہ اختیار کیا گیا ہے، وہ دراصل صرف جسمانی یا وجودی حد تک محدود ہے۔ گویا ایسا ہی ہے جیسے ایک شخص کو دل کا عارضہ لاحق ہو اور اسے نئے کپڑے پہنا کر اور عطر لگا کر یہ سمجھا جائے کہ اُس کی بہتری کا سامان کر لیا گیا ہے اور وہ اب بالکل ٹھیک ٹھاک ہو جائے گا۔ ممکن ہے، نئے کپڑے پہن کر اور خوش بو لگا کر وہ ذرا سی دیر کے لیے بشاشت محسوس کرے، لیکن اس کی صحت کی بحالی کا جو ہدف ہے، وہ حاصل نہیں کیا جاسکتا، کیوں کہ اس کام کے لیے درست سمت میں پیش رفت نہیں کی جارہی۔ یہی اس عہد کے انسان کی صورتِ حال ہے۔ خارجی آسائشیں اُس کے روحانی مسائل کو نہ صرف حل کرنے میں کوئی کردار ادا نہیں کرسکتیں، بلکہ وہ بحران میں مزید اضافے کا سبب بن رہی ہیں۔ اس لیے آج کی انسانی صورتِ حال روز بہ روز مزید سے مزید تر ابتری کی طرف جارہی ہے۔

سویڈش ادیب اور دانش ور Tage Linddbom جو پہلے سویڈن کی سوشل ڈیموکریٹک پارٹی کے سرکردہ افراد میں شمار کیے جاتے تھے اور فرد و سماج کی تمام صورتوں کو مارکسی نقطۂ نظر سے دیکھنے اور سمجھنے پر اصرار کرتے تھے، بعد ازاں اپنے عہد کے انسان

کی سائیکی میں پڑنے والی دراڑوں کو دیکھے بغیر نہ رہ سکے۔ چناں چہ اس دور کے انسان کی روح کا احوال سمجھنے اور سمجھانے کے لیے انھوں نے The Tares and the Good Grains جیسی کتاب لکھی جس میں اپنے وقت کے اس بحران کی اصل نوعیت کو بیان کرنے کی کوشش کی گئی ہے جو انسانی روح کی ابتلا کا باعث بنا ہوا ہے۔ اس کتاب میں عہدِ حاضر کے نظریات میں پائے جانے والے داخلی تضادات، باطل تصورات اور کم زوریوں کا جائزہ خاصی گہرائی میں جا کر لیا گیا ہے، جنھوں نے انسان کی زندگی میں مادّیت کے فروغ کا راستہ کھول کر دراصل اُس بحران کی راہ ہموار کی ہے جو اس سے پہلے کے انسانی معاشروں میں کہیں دکھائی نہیں دیتا۔ بوم کا کہنا ہے کہ آج انسان اور اُس کا معاشرہ جس راستے پر گامزن ہیں، وہ انھیں طمانیت اور آسودگی کی اس منزل تک لے کر جا ہی نہیں سکتا جس کی آرزو میں وہ سفر کر رہے ہیں۔ اس کے برعکس یہ راستہ انھیں مخالف سمت میں لے جا رہا ہے۔ یہ کچھ وہی صورتِ حال ہے جس کے لیے غالب نے کہا تھا،

ہر قدم دوریِ منزل ہے نمایاں مجھ سے

منزل کی یہ دوری سمتِ سفر کی وجہ سے بڑھ رہی ہے۔ اس دور کا انسان اضطراب تو اپنی روح میں محسوس کر رہا ہے، جب کہ تسکین کا سارا سامان صرف اور صرف اس کے جسم کے لیے کیا جا رہا ہے۔ ایسے میں کیا نتائج حاصل کیے جا سکتے ہیں؟

اس حوالے سے ہمارے یہاں اقبال نے بھی Reconstruction of Religious Thought in Islam کے ایک خطبے میں بہت اہم گفتگو کی ہے۔ اقبال کہتے ہیں کہ انسان کو کائنات کے اس سناٹے میں جب اپنی پکار (دعا) کا جواب ملتا ہے تو وہ خود کو ایک بڑی اور ہمیشہ رہنے والی قوت سے مربوط پاتا ہے۔ گویا اُس کے لیے یہ احساس طاقت اور اعتماد کا سرچشمہ ہے کہ وہ تنہا نہیں ہے، اور یہ کہ کوئی اُس کی طرف متوجہ ہے،

اس کا نگہبان ہے۔ یہ احساس اس کے اندر اس کیفیت کو برقرار رکھتا ہے کہ اُس کی ایک اہمیت ہے۔ ہم آہنگی اور وابستگی کا دراصل یہی وہ احساس ہے جو بیک وقت وجود اور روح دونوں سطحوں پر اُسے ایک اعتبار سے ہم کنار کرتا ہے۔ یہی وہ شے جو اُسے لایعنیت کے اُس تجربے سے بچالے جاتی ہے جس نے وجودیت کے زیرِ اثر مغرب کو بری طرح گھایل کیا ہے۔ وہاں انسانی نفسیات میں اس طرح دراڑیں ڈالی ہیں کہ انسان پارہ پارہ ہو کر رہ گیا ہے۔ اس کی روح میں ایک ایسا خلا پیدا ہو گیا ہے کہ جو اس کے وجود کو ذاتی اور اجتماعی دونوں سطحوں پر نگلنے کی کوشش میں ہے۔

ان سب اہلِ دانش کی گفتگو سے یہ بات واضح ہو جاتی ہے کہ اس عہد کی انسانی زندگی میں اور سماج میں جو مسائل ناقابلِ برداشت المیہ حالات پیدا کر رہے ہیں، اگر اُن کے اندر جھانک کر دیکھااور داخلی کیفیت کا سراغ لگانے کی کوشش کی جائے تو اندازہ ہوتا ہے کہ اس ابتری کی بنیادی وجہ یہ ہے کہ اس دور میں وجود اور روح کا رشتہ منقطع ہو گیا ہے۔ دونوں کے باہم آمیز ہونے سے جو اکائی بنتی تھی، وہ ٹوٹ گئی ہے۔ اسی سبب سے یہ سارا بحران پیدا ہو رہا ہے۔ اس امکان کو رد تو نہیں کیا جاسکتا کہ اس نوع کا کوئی مسئلہ اس سے پہلے بھی انسان پر اور اس کے سماج پر گزرا ہو، لیکن یہ بات قدرے وثوق سے کہی جاسکتی ہے کہ آج یہ مسئلہ جس سطح پر اور جس شدت کے ساتھ اُسے درپیش ہے، اس سے پہلے وہ کبھی اس صورت میں اسے پیش نہیں آیا ہو گا۔ سوچنا چاہیے کہ یہ صورتِ حال آخر اس حد تک کیسے پہنچی ہے کہ بحران اس درجے تک آگیا ہے؟

اس نکتے کو ہمیں واضح طور پر سمجھ لینا چاہیے کہ وہ انسان جو وجود و روح کی اکائی کی حیثیت سے زندگی گزارتا تھا، اس کے یہاں مادّی اور غیر مادّی رجحانات میں ایک توازن قائم رہتا تھا۔ دنیا کی آسائشیں اسے اپنی روح کے مطالبات سے غافل نہیں ہونے دیتی

تھیں۔ وہ اپنے خارجی معاملات کے ساتھ ساتھ داخلی حقائق کا بھی شعور رکھتا تھا۔ اس کی زندگی کی ایک ماورائی جہت بھی تھی۔ وہ جانتا تھا کہ مادّی اشیا اپنی ضرورتوں کے لیے اُسے ایک حد تک درکار ہیں اور وہ بے شک اس کی ضرورت تو پوری کرتی ہیں، لیکن اس کی قلبی راحت، ذہنی سکون اور روحانی خوشی کا سامان اسے ان سے حاصل نہیں ہو سکتا۔ اس لیے کہ وہ ماخذ اور ہے جس سے یہ نعمتیں حاصل ہوتی ہیں۔ وہ اس حقیقت سے نابلد نہیں تھا کہ اطمینان بخش اور آسودہ زندگی کے لیے اسے اپنی دونوں ہی جہتوں پر توجہ رکھنی ہے۔ یہ شعور ایک بہتر اور متوازن زندگی گزارنے میں اس کے کام آتا تھا۔ ہم دیکھ سکتے ہیں کہ عہدِ جدید کے بیشتر معاشروں میں آج یہ شعور بڑی حد تک کم اور بعض میں تو بالکل ہی ناپید ہو چکا ہے۔ یہ وہ سماج ہیں کہ جہاں روح اور اُس کے تقاضوں کی طرف اب انسان کا دھیان بالکل نہیں ہے۔

اس کی وجہ یہ ہے کہ آج انسانی زندگی اُن اشیا کے ساتھ اور کچھ ایسے کاموں میں بسر ہو رہی ہے جو اُس کی توجہ کسی اور طرف مبذول ہونے ہی نہیں دیتے۔ ذرا غور کیا جائے تو اس مسئلے کی نوعیت کو سمجھا جا سکتا ہے۔ پہلے تو یہ دیکھیے کہ ہم آج کس قماش کی دنیا میں جی رہے ہیں۔ یہ وہ دنیا ہے جس میں آئے دن عجیب و غریب تماشے ہوتے رہتے ہیں۔ یہاں کبھی غربت کی لکیر سے نیچے زندگی گزارنے والوں کا چرچا کیا جاتا ہے۔ ان کے لیے ہم دردی کے جذبات کا بکھان کیا جاتا ہے اور کبھی یہاں دنیا کے اُن چند افراد کی فہرست شائع کی جاتی ہے، جن کے پاس سب سے زیادہ دولت ہے۔ ذرا دیکھیے کہ یہ دولت کتنی ہے؟ اتنی کہ اس سے ہزاروں یا لاکھوں نہیں کروڑوں افراد کی قسمت اور زندگی دونوں بدل سکتے ہیں۔ کچھ افراد ایسے ہیں کہ جن کی سالانہ آمدنی ایک پورے ملک کے بجٹ سے بھی کہیں زیادہ ہے۔

اب سوال یہ ہے، کیا یہ سب مال و دولت بے مصرف ہو سکتی ہے؟ نہیں، ایسا نہیں ہے، اس کا کچھ اور استعمال ہے۔ کیا استعمال ہے؟ یہ دنیا میں تبدیلی لانے کے لیے بنیادی کردار ادا کر رہی ہے۔ کون سی تبدیلی؟ وہی جو افراد کے طرزِ احساس کو بدل رہی ہے اور جس کے نتیجے میں انسانوں کی یہ پوری دنیا بدل رہی ہے۔ مراد یہ ہے کہ ہمیں سمجھ لینا چاہیے کہ یہ دولت اور اس کے زیرِ اثر دنیا کی یہ بدلتی ہوئی صورتِ حال بے سبب نہیں ہے۔ اس سارے کھیل کے پس منظر میں کچھ مقاصد ہیں، مثلاً ایک مقصد یہ ہے کہ پوری دنیا کے ذخائر، معدنیات، ذرائعِ پیداوار اور اعلیٰ افرادی قوت سب کچھ چند بین الاقوامی اداروں کے ہاتھ میں آجائے۔ یہ کون سے ادارے ہیں؟ وہی ہیں جو اپنے کاروبار کے فروغ کے لیے ملکوں کے انتخابات میں سرمایہ کاری کرتے ہیں۔ حکومتوں کی سرپرستی کرتے ہیں۔ دنیا کے پس ماندہ افراد کے لیے فلاحی ادارے قائم کرتے ہیں اور کبھی براہِ راست اور کبھی حکومتی ذرائع سے مالی امداد بھیجتے ہیں۔ ان سب کاموں سے وہ اپنے مقاصد کی تکمیل کرتے ہیں۔

امریکا سے لے کر ایتھوپیا تک ان اداروں کا اپنا ایک نیٹ ورک ہے۔ اپنے مقاصد کی تکمیل کے لیے انھوں نے ایک نظام وضع کیا ہے۔ آج ہم جسے گلوبل دنیا کہتے ہیں، یہ دراصل اسی نظام کا ایک مظہر ہے۔ اس دنیا میں جغرافیائی سرحدیں قوت کے ساتھ اور جارحانہ انداز سے منہدم نہیں ہو رہیں اور نہ تبدیل کی جارہی ہیں۔ البتہ نظریاتی، فکری، اخلاقی اور تہذیبی سرحدیں تیزی سے مٹائی جارہی ہیں۔ مقصود یہ ہے کہ دنیا کی بیشتر آبادی کو ایک ایسی صارفیت کے شکنجے میں جکڑ لیا جائے جو انھیں مذہب، اقدار اور نظریات کے شعور سے بے نیاز کر کے محض وجودی خواہشات سے منسلک کر دے۔ اس کے لیے گہری بنیادوں پر منصوبہ بندی کی گئی ہے۔ اس صارفیت کا بلند تر ہدف اس وقت

حاصل ہو سکتا ہے جب دنیا کی ساری یا کم سے کم بیشتر آبادی ایک ہی طرح کی طرزِ زندگی اور یکساں اشیا کے استعمال کی عادی ہو جائے۔ خیال رہے کہ اشیا کی فروخت کا یہ معاملہ آم کے آم گٹھلیوں کے دام والا ہے۔ اس لیے کہ پورا مقصد صارفیت نہیں ہے، بلکہ اس کے ساتھ، یعنی اس کے ذریعے دنیا کی آبادی کو ایسے مجہول ہجوم میں تبدیل کرنا ہے جو مشینی زندگی گزارتا ہو۔ اس کام کے لیے کوک اور برگر سے سرحدوں میں راستے پیدا کیے گئے۔ چناں چہ آج آپ دیکھ سکتے ہیں کہ چین اور جاپان جیسے روایتی مزاج رکھنے اور اپنی روایات و اقدار پر فخر کرنے والے ملک بھی کوک اور برگر کی صارفیت میں پیچھے نہیں رہے ہیں۔

اس مہم کے فروغ میں الیکٹرونک میڈیا اہم کردار ادا کر رہا تھا۔ چنانچہ آج آپ غور کیجیے تو معلوم ہو گا کہ تشہیری ادارے قوموں، ملکوں اور معاشروں میں نفوذ اور اثر پذیری کے لیے ان مراحل کو بھی سر کرنے میں کامیاب ہو جاتے تھے جن کے لیے اس سے پہلے کے زمانے میں حکومتیں ایک دوسرے سے مذاکرات کیا کرتی تھیں۔ اب سوشل میڈیا کے اس دور میں تو صورتِ حال حیرت ناک حد تک بدل چکی ہے۔ دنیا کو اپنے ہاتھ میں لینے کے لیے کوشاں افراد اور اداروں کو آج سوشل میڈیا وہ اہداف بھی بہت آسانی سے اور غیر محسوس انداز میں حاصل کر کے دے رہا ہے جن کے لیے پہلے جنگی حکمتِ عملی جیسے اقدامات کیے جاتے تھے۔ اس کے باوجود اگر کسی سماج میں مدافعت نظر آتی ہے اور ان سب ذرائع سے مطلوبہ مقاصد کی تکمیل نہیں ہو پاتی تو ہم دیکھ سکتے ہیں کہ پھر وہاں سپر پاور اور مقتدر اقوام کی طرف سے عراق اور افغانستان جیسی جنگیں بھی مسلط کر دی جاتی ہیں۔ اس کی حالیہ مثالیں مصر اور شام کی صورت میں ہمارے سامنے ہیں۔

کم و بیش دو دہائی پہلے سیموئیل پی ہن ٹنگٹن نے اپنی کتاب Clash of

Civilization میں جس غیر اخلاقی، بلکہ غیر انسانی تصادم کا مقدمہ پیش کیا تھا اور اُس پر جس سفاکانہ سادگی والے اندازِ نظر کے ساتھ اصرار کیا تھا، آج اس کی حقیقت ہم با آسانی عملی مثالوں کے ساتھ سمجھ سکتے ہیں۔ اب ہم دیکھ سکتے ہیں کہ یہ سارا نقشہ تصادم کا نہیں، بلکہ تہذیبوں کے انہدام کا ہے، اور ہدف بالخصوص وہ تہذیبیں ہیں جن کا اپنا کوئی اخلاقی اور فکری نظام ہے، جو اپنی روایات اور اقدار پر اصرار کرتی ہیں۔ اس صورتِ حال میں اگر پوچھا جائے، کیا آئندہ زمانے میں کوئی قوم اپنی تہذیبی شناخت قائم رکھ پائے گی؟ اگر ایران اور ترکی جیسی مثالوں کو سامنے رکھا جائے تو اس سوال کا جواب اثبات میں دیا جاسکتا ہے۔ تاہم اس کے لیے ضروری ہے کہ اُس سماج میں تہذیبی شعور قومی یک جہتی کے احساس کے ساتھ زندہ رہے۔ ایسا اُسی وقت ممکن ہوتا ہے جب قوم کے افراد اپنی قدروں پر یقین رکھتے ہوں اور خود کو اپنی انفرادیت میں نہیں، بلکہ کلیت میں مستحکم محسوس کرتے ہوں۔ وہ اس حقیقت کو سمجھتے ہوں کہ اُن کی اجتماعی شناخت کا حوالہ ہی دراصل ان کی بقا کا ضامن ہے۔

صارفیت کے اس عہد میں انسان کی حیثیت بھی محض ایک شے کی سی ہو کر رہ گئی ہے۔ خاندان کا نظام پاکستان جیسے ملک میں بھی ختم ہوتا جارہا ہے۔ پہلے پورے پورے کنبے ایک گھر، ایک خانوادے کے طورے پر رہا کرتے تھے۔ افراد ایک دوسرے کی ذمے داریوں میں بغیر کہے حصے دار ہوجاتے تھے۔ آس پاس رشتوں کی موجودگی کا احساس ہر شخص کو تقویت دیتا اور اس کے حوصلوں کو بڑھاتا تھا۔ یوں اجتماعیت کا شعور نہ صرف آسانی سے برقرار رہ سکتا تھا، بلکہ اس کی اہمیت اور ضرورت کو بتانے کے جتن بھی نہیں کرنے پڑتے تھے۔ رشتے ایک دوسرے کے لیے روشنی اور حرارت کا انتظام خاموشی سے مگر پوری ذمے داری کے ساتھ کیا کرتے تھے۔ کنبے میں ہر شخص کی ایک

جگہ اور ایک حیثیت ہوا کرتی تھی۔ اس حیثیت کو وہ خود کبھی شک کی نظر سے دیکھتا تھا اور نہ ہی کوئی اور۔

آج منظر اس حد تک بدل چکا ہے کہ فرد اور شے میں فرق تک مٹتا جا رہا ہے۔ حد یہ ہے کہ بعض اوقات اشیا کی اہمیت افراد سے بڑھی ہوئی نظر آتی ہے۔ ایسے مناظر آپ اور ہم سب اپنے دائیں بائیں بھی اس وقت آسانی سے دیکھ سکتے ہیں جب ایک گھر کے افراد الگ الگ کمروں میں بیٹھے الگ الگ ٹی وی چینل یا کمپیوٹر پر مصروف ہوتے ہیں۔ سچ پوچھیے تو یہ منظر بھی پرانا ہو چکا ہے۔ اب immidiate family یعنی سگے خون کے رشتے رکھنے والے افراد ایک ہی چھت کے نیچے بیٹھے ہوئے اپنے اپنے آئی فون، اسمارٹ فون، ٹیبلٹ اور آئی پیڈ پر مصروف ہوتے ہیں۔ اگلے وقتوں میں کہا جاتا تھا کہ اپنا خون جوش مارتا ہے، یعنی قریب کے رشتے ایک دوسرے کی حرارت محسوس کرتے ہیں، لیکن اب یہ حرارت اس حد تک ماند پڑتی جا رہی ہے کہ اس کے ہونے کا احساس بھی ختم ہو رہا ہے۔

ہماری عمر کے لوگوں کو وہ دن اور گھروں کا وہ ماحول آج بھی نہ صرف اچھی طرح یاد ہے، بلکہ اس کی کشش یا کمی اب بھی محسوس ہوتی ہے کہ جب شام کو کام سے لوٹ کر آنے والے افراد کا گھر میں اشتیاق سے انتظار کیا جاتا تھا۔ جب وہ لوٹ آتے تھے تو گھر کا ماحول، اس کی فضا ہی کچھ اور ہو جاتی تھی۔ گویا گھر کی روشنی میں اضافہ ہو جاتا تھا۔ ہوا میں آکسیجن کا تناسب بڑھ جاتا تھا۔ ایک دوسرے کے ہونے کا احساس آدمی کے لیے تقویت کا سامان کرتا تھا۔ کچھ لوگ تو اب یہ بات لفظوں میں کہنے لگے ہیں، لیکن جو نہیں کہتے، ان میں سے بھی بہت سے لوگ محسوس تو بہر حال کرتے ہیں کہ وہ بھی اب شام کو گھر میں اسی طرح آتے ہیں جیسے کوئی شے آتی ہے اور یہ کہ گھر میں اُن کی جگہ بھی اسی طرح مخصوص ہے، جیسے فریج، ٹی وی، ایئر کنڈیشنر یا ڈسپینسر کی ہوتی ہے۔

فرد اور شے کے مابین یہی مٹتا ہوا فرق اس حقیقت کی نشان دہی کرتا ہے کہ دنیا کس طرف جا رہی ہے۔ روبوٹ بنانے والے سائنس دان اب پورے وثوق سے کہتے ہیں کہ محض تیس بتیس برس بعد آدمی روبوٹ سے شادی کرنے لگے گا۔ روبوٹ انسان کی جبلی اور جسمانی ضرورتیں ہی نہیں، بلکہ ذہنی اور جذباتی ضرورتیں بھی خوبی سے پوری کرکے اسے جیتے جاگتے انسان کی خواہش سے آزاد کر دے گا۔ اگر آپ سوچتے ہیں کہ یہ سب کیا ہو رہا ہے؟ کیا کہا جا رہا ہے؟ کیا واقعی ایسا ممکن ہے؟ تو اس کا سیدھا سادا مطلب یہ ہے کہ آپ اس تبدیل ہوتی ہوئی صورتِ حال کو قبول نہیں کر رہے۔ عہدِ جدید جس طرح آپ کے احساس کی صورت گری کرنا چاہتا ہے، آپ اس کے لیے تیار نہیں ہیں۔ آپ کے خارجی ماحول اور داخلی احوال میں تصادم ہے۔ ظاہر ہے کہ اس کے نتیجے میں ڈپریشن تو پیدا ہو گا۔ یقین کیجیے، یہ ڈپریشن برا نہیں ہے، بشرطے کہ آپ اس کے آگے ہتھیار نہ ڈالیں اور یہ آپ کو زندگی کے خاتمے کی طرف نہ لے جائے۔ اگر آپ اس مرحلے پر اپنے احساسات کی اس منہ زور موج کو تھام کر اور اپنے اعصاب شل کرنے سے روک کر اسے اپنی قوتِ مدافعت کا ذریعہ بنا لیں تو پھر آپ کے اندر اضمحلال پیدا نہیں ہو گا۔ اس کے بجائے آپ کا اعصابی، ذہنی، جذباتی اور فکری نظام ان عوامل پر فوکس ہو پائے گا جو آپ کو حالات کے دھارے میں بہنے سے بچا سکتے ہیں اور ان کناروں کی طرف لے جا سکتے ہیں جہاں زندگی کی بقا کا سامان ممکن ہے۔ اشرف المخلوقات کی زندگی کا سامان۔

٭ ٭ ٭

ہم کہاں قسمت آزمانے جائیں

مستنصر حسین تارڑ اس عہد کے جانے پہچانے ادیب ہیں۔ انگریزی میں پرولیفک رائٹر (Prolific Writer) کی اصطلاح جس معنی میں مستعمل ہے، اس کا اطلاق مستنصر حسین تارڑ پر ہوتا ہے۔ اردو میں اس نوع کے لکھنے والوں کو "بسیار نویس" کہا جاتا ہے۔ تاہم بسیار نویسی چوں کہ ہمارے یہاں سنجیدہ ادبی حلقوں میں خوبی باور نہیں کی جاتی، اس لیے اس قبیل کے لکھنے والوں کو قدر کی نگاہ سے نہیں دیکھا جاتا۔ انگریزی میں اِس قسم کی باتیں نہیں سوچی جاتیں، بلکہ خراجِ تحسین کے طور پر کسی کو پرولیفک رائٹر کہا جاتا ہے۔ چناں چہ مستنصر حسین تارڑ کو پرولیفک رائٹر کہے اور سمجھے جانے میں چنداں مضائقہ نہیں ہے۔ انھوں نے واقعی بہت کام کیا ہے اور ایک نہیں متعدد اصناف میں یعنی سفر نامہ نگاری، ناول، ڈراما نگاری اور مزاح وغیرہ۔ سفر نامہ نگاری میں دیکھا جائے تو کمیّت، کیفیت اور تنوع کے لحاظ سے وہ ایک الگ ہی شناخت رکھتے ہیں۔ اردو سفر نامے کی تاریخ میں یہ شناخت تا دیر قائم رہنے والی ہے۔

رہی بات ناول کی، تو اس شعبے میں بھی ہمیں ان کے یہاں مقدار اور موضوع کی وسعت کے ساتھ اتنا کام ملتا ہے کہ اُسے کسی طور نظر انداز نہیں کیا جا سکتا۔ موضوعات کی رنگا رنگی کی داد انھیں سب سے پہلے دی جانی چاہیے۔ اس لیے کہ اردو کے اکثر ناول نگاروں کے یہاں ہمیں موضوعات کا دائرہ اس قدر وسیع نظر نہیں آتا، جتنا مستنصر حسین تارڑ کے یہاں ملتا ہے۔ موضوعات کی اِس وسعت میں اُن کی سفری زندگی کا بھی

یقیناً دخل ہے۔ دنیا کو چاروں کھونٹ جا جا کر دیکھنا، کھوجنا اور سمجھنا اُن کی ناول نگاری کے بھی کام آیا اور اُس کے لیے خام مواد کی فراہمی کا بہت کارآمد ذریعہ بنا۔ انھوں نے ایک سمجھ دار ادیب کی طرح اپنے سفری تجربات اور مشاہدات کو بھی اپنے ناولوں میں برتا ہے اور ساتھ ہی ساتھ جہاں گردی کے دوران میں رابطے میں آنے والے افراد اور اُن کے احوال کو بھی اپنے ناولوں میں مال مسالے کے طور پر استعمال کیا ہے۔ یہی وجہ ہے کہ اُن کے یہاں کرداروں کا تنوع نمایاں طور پر نظر آتا ہے۔

بیس ویں صدی کے دوسرے نصف میں نمایاں مقام پانے والے اردو کے تین بڑے ناول نگاروں قرۃ العین حیدر، عبداللہ حسین اور انتظار حسین کے فن کا بالاستیعاب مطالعہ کیا جائے تو ان تینوں کے یہاں اپنے ہی کسی فن پارے کے بعض کرداروں کی چھوٹ کسی دوسرے فن پارے کے کرداروں پر پڑتی ہوئی محسوس ہوتی ہے۔ اس کے برعکس مستنصر حسین تارڑ کے یہاں باید و شاید ایک ناول کے کردار ان کے کسی دوسرے ناول کے کرداروں سے کوئی قابلِ توجہ مماثلت رکھتے نظر آئیں۔ اگر ایسا محسوس بھی ہو تو یہ معاملہ ان کے ناول کے ضمنی یا ذیلی کرداروں میں تو ہوتا ہے، مرکزی یا اہم کرداروں میں نہیں۔ مستنصر حسین تارڑ نے اگر یہ اہتمام شعوری طور پر نہیں کیا تو بھی اس سے ایک بات کا اندازہ ضرور ہوتا ہے کہ وہ اپنے ناول کے فن کے ذریعے ایک ایسی دنیا کی دریافت کے خواہاں ہیں جو وسیع و عریض حدودِ اربعہ رکھتی ہو اور رنگارنگ کرداروں سے آباد ہو۔ یہ ذہنی جستجو یا نفسیاتی خواہش کسی تخلیق کار کے شعور میں تو کجا، لاشعور میں بھی اس وقت تک پیدا نہیں ہو سکتی جب تک اُس کی اپنی نگاہوں نے میسر آنے والی اُن وسعتوں کو نہ سمیٹا ہو جو اُس کے تخیل کو مہمیز دے سکیں۔ اس لحاظ سے مستنصر حسین تارڑ کی سیاحت اُن کے تخلیقی کاموں کو پوری سہولت فراہم کرتی اور خاصی کارآمد کمک

پہنچاتی دکھائی دیتی ہے۔

سفر ناموں کا معاملہ تو بالکل الگ ہے کہ اِس فن میں ادیب کو سارا مواد یا لوازمہ پیش آمدہ دنیا سے میسر آجاتا ہے، لیکن ناول کا ماجرا مختلف ہے۔ یہاں حقیقی دنیا کے دیے ہوئے کرداروں اور اُن کے معاملات کو جوں کا توں برتنا کوئی خوبی نہیں۔ تخلیق کار کا تخیل اپنی قوت اور اختیار کو بہ روے کار لاتے ہوئے جس کو چاہے بلند اور جسے چاہے پست کر دے۔ چناں چہ ان کے ناول کو پیشِ نظر رکھتے ہوئے اب سوال یہ ہے، کیا مستنصر حسین تارڑ فنی سطح پر اُس دنیا کو تخلیق کرنے میں کامیاب رہے ہیں، جس کے وہ آرزومند تھے؟ اس سوال کا جواب چنداں دشوار نہیں، اس لیے کسی بھی تأمل کے بغیر کہا جا سکتا ہے کہ بادی النظر میں ناول کے کینوس پر ارض البلد اور طول البلد میں پھیلی ہوئی جو دنیا انھیں درکار تھی، وہ اس کو تخلیق کرنے میں کامیاب رہے ہیں۔ یہ دنیا مختلف رنگ، نسل، قوم، زبان اور مذہب کے لوگوں سے آباد ہے اور مستنصر حسین تارڑ کی کشادہ نظری اور وسیع المشربی کے حق میں گواہی دیتی ہے۔ اس امر کو تسلیم کرنے کے بعد دوسرا سوال یہ ہے کہ ادب کے لیے یہ دنیا کتنی کارآمد ہے، یعنی اس کی تخلیقی اور فنی قدر و قیمت کیا ہے؟ پیشتر اس سے کہ ہم اس نکتے کی تفتیش کریں، ایک اور سوال پر غور ضروری محسوس ہوتا ہے، وہ یہ کہ خود کو کامیاب سفر نامہ نگار منوا لینے کے بعد آخر تارڑ کو ناول نگاری کی ضرورت کیوں پیش آئی؟ خیال رہے کہ یہ سوال برائے سوال نہیں، بلکہ اس کے ذریعے تارڑ کے فن کو سمجھنے کی کلید حاصل کرنا مقصود ہے۔

ماجرا اصل میں یہ ہے کہ روحانی زندگی کی طرح ادب میں بھی اعمال کا دار و مدار آدمی کی نیت پر ہوتا ہے۔ اب نیت کا یہ ہے کہ ادیب چاہے نہ چاہے وہ کسی نہ کسی صورت میں اُس کے فن میں اپنے اظہار کا راستہ نکال ہی لیتی ہے۔ چناں چہ ہم دیکھتے ہیں کہ خود

ادیب کا فن ہی اس کے حق میں گواہ بنتا ہے اور کچھ لکھنے والے ایسے بھی ہوتے ہیں کہ اُن کی تخلیقات ہی ان کے خلاف شہادت دیتی ہیں۔ فن کار کچھ کہتا ہے اور فن کچھ اور کرتا دکھائی دیتا ہے۔ خیر، ہم بات کر رہے تھے مستنصر حسین تارڑ کے ناول نگار بننے کی۔ سفر نامہ نگار کی حیثیت سے انھوں نے بہت پہلے نہ صرف پہچان حاصل کرلی تھی، بلکہ اپنا لوہا منوالیا تھا۔ ۱۹۷۰ء کی دہائی سے لے کر ۹۰ء کی دہائی کے اواخر تک ہمارے یہاں سفرناموں کا بہت چلن رہا ہے۔ ایسا نہیں کہ سفر نامے اس سے پہلے اچھے نہیں لکھے گئے یا اُن کی پذیرائی نہیں ہوئی۔ یقیناً لکھے گئے اور دل چسپی سے پڑھے بھی گئے۔ آج کل بھی گاہے بہ گاہے سفر کی کوئی اچھی روداد آتی رہتی ہے، لیکن یہ سچ ہے کہ اُس وقت میں جتنے اور جیسے اچھے سفر نامے یکے بعد دیگرے سامنے آئے، ان کو دیکھتے ہوئے اس دور کو اردو میں سفر نامہ نگاری کا زرّیں عہد کہنا بے جا نہ ہوگا۔ مستنصر حسین تارڑ کے "نکلے تری تلاش میں"، "اندلس میں اجنبی" اور "خانہ بدوش" جیسے عمدہ اور یاد رہ جانے والے سفر نامے اسی دورانیے میں منظرِ عام پر آئے اور خوب پڑھے گئے۔ تسلیم کیا جانا چاہیے کہ ادیب کی حیثیت سے تارڑ کی شہرت میں ٹی وی ڈراموں کے ساتھ ساتھ اُن کے سفرناموں کا بھی قابلِ لحاظ حصہ رہا ہے۔

آخر سوچنے کی بات ہے یا نہیں کہ ایک ایسا ادیب جس نے اچھی خاصی نیک شہرت اپنے سفرناموں سے سمیٹ لی تھی، وہ فکشن کے دشتِ پُرخار کی آبلہ پائی پر کیوں آمادہ ہوا؟ کیا یہ 'کچھ اور چاہیے وسعت مرے بیاں کے لیے' والا معاملہ تھا یا پھر کوئی داخلی تخلیقی مطالبہ تھا جس نے انھیں اظہار کی نئی جہت کی طرف مائل کیا؟ معلوم نہیں مستنصر حسین تارڑ سے مصاحبوں اور مکالموں میں کبھی یہ سوال پوچھا گیا ہے کہ نہیں، اور اگر پوچھا گیا ہے تو اُن کا جواب کیا ہوتا ہے؟ خیر، وہ جو بھی کہیں، ہمیں اُن کے بیان سے زیادہ

دل چسپی اِس بات سے ہے کہ اس ضمن میں خود اُن کا فن کیا جواب دیتا ہے۔

جہاں تک معاملہ ہے تارڑ کے کہانی کار ہونے کا، تو واقعہ یہ ہے، اس کا شوق اُن کے اندر اچانک پیدا نہیں ہوا۔ فکشن جیسا اسلوب رکھنے والے خاصے ٹکڑے ہمیں اُن کے سارے اچھے اور معروف سفر ناموں میں ملتے ہیں۔ گویا کہانی کار تو اُن کے اندر شروع ہی سے پایا جاتا ہے۔ تاہم سفر نامے میں چوں کہ افسانہ نگاری کو ہنر نہیں، عیب گردانا جاتا ہے، اس لیے "نکلے تری تلاش میں" اور "اندلس میں اجنبی" جیسی کتابوں سے افسانوی مزاج کی عبارت کی بنیاد پر تارڑ کی فکشن نگاری کا اثبات کرنا محض کارِ لاحاصل ہو گا۔ ادب کی کسوٹی یوں بھی کسی رُو رعایت سے کام لینے کی اجازت نہیں دیتی۔ یہاں تو سولہ آنے کھرے ہی کو کھرا سمجھا جاتا ہے۔ مستنصر حسین تارڑ کی ناول نگاری کا ثبوت ویسے ہمیں اُن کی تین کتابوں "پرندے"، "پیار کا پہلا شہر" اور "جپسی" سے بھی فراہم ہو جاتا ہے۔ ان میں پہلی کتاب، یعنی "پرندے" دو ناولٹ پر مشتمل ہے۔ یہ دونوں ناولٹ بہ یک وقت تخیلی اور علامتی کہانی کا مزاج رکھتے ہیں۔ دوسری کتاب کی کہانی سفری اسلوب میں لکھی گئی ہے، جب کہ تیسری کتاب تو ہے ہی ناول۔ چلیے یہ مسئلہ تو حل ہوا کہ مستنصر حسین تارڑ نے آخرِ عمر میں مسلمان ہونے، یعنی کہانی کار بننے کی کوشش نہیں کی، بلکہ یہ شوق یا تخلیقی جستجو پہلے ہی سے ان کے یہاں پائی جاتی ہے۔ اس لیے کہ یہ تینوں کتابیں ۸۰ء کی دہائی میں شائع ہوئی تھیں، یعنی اُس دور میں جب اُن کی سفر نامہ نگاری کا طوطی بول رہا تھا۔

یہ الگ بات ہے کہ یہ تینوں کتابیں شائع ہونے کے باوجود تارڑ کو ناول نگاروں کی صف میں کوئی اہم جگہ نہ مل سکی، یعنی اُس صف میں جو اُن کے معاصرین قرۃ العین حیدر، عبد اللہ حسین، انتظار حسین، انور سجاد، جمیلہ ہاشمی، بانو قدسیہ وغیرہم سے آراستہ تھی۔

حالاں کہ "پیار کا پہلا شہر" تو بہت پڑھی جانے والی کتابوں میں سے ایک ہے، اور اُن کتابوں میں بھی لازماً شامل ہے جنھوں نے تارڑ کی شہرتِ عام میں بنیادی کردار ادا کیا ہے۔ ذرا غور کیجیے تو بات سمجھ آجاتی ہے کہ اس کی وجہ اور کیا ہو سکتی ہے سوائے یہ کہ ہمارے یہاں ناولٹ اور ناول تخلیقی بیانیے کی جس سطح تک آچکے تھے، تارڑ کی یہ تینوں کتابیں اُس تک آنے سے قاصر رہیں۔ چناں چہ ادب کے سنجیدہ قارئین اور ناقدین نے انھیں قابلِ ذکر ناول نگاروں میں شمار نہیں کیا۔ اب اسے طالع آزما طبیعت کہا جائے یا creative obsession، بہر حال یہ جو کچھ بھی تھا، اس نے تارڑ کو اس کام پر لگا دیا کہ خود کو ناول نگار منوا کے دم لینا ہے۔ آدمی ایک بار کچھ ٹھان لے اور دُھن کا پکا ہو تو بھلا کس چیز سے اُسے روکا جاسکتا ہے اور کون روک سکتا ہے۔ چناں چہ ہم دیکھتے ہیں کہ "بہاؤ"، "راکھ"، "قربتِ مرگ میں محبت"، "ڈاکیا اور جولاہا"، "خس و خاشاک زمانے" "اے غزالِ شب" پندرہ سترہ برسوں میں تارڑ نے کئی ناول پیش کیے۔ چلیے تو پھر باقی سب باتوں سے پہلے ہمیں کشادہ دلی سے اس تخلیقی وفور اور مسلسل کارگزاری کی داد تو دینی ہی چاہیے۔

یہ طے ہے کہ کام خواہ کوئی بھی ہو لگن اور تسلسل کے ساتھ کیا جائے تو رائگاں نہیں جاتا۔ چناں چہ ہم دیکھتے ہیں کہ آج ہمارے سنجیدہ نقاد بھی تارڑ کا شمار ناول نگار کے طور پر کرتے ہیں، اور یہ اعتراف کسی رعایت کے نتیجے میں نہیں کیا جاتا، بلکہ انھیں آج باضابطہ طور پر ایک فعال ناول نگار کی حیثیت حاصل ہے۔ پس طے ہوا کہ تارڑ نے جس زمین کو گودا تھا، وہ بانجھ نہیں نکلی، یعنی اُن کی محنت رنگ لائی اور انھوں نے وہ پالیا جس کی انھیں آرزو تھی۔

ہر ایک ناول کا فرداً فرداً جامع تجزیاتی مطالعہ فی الوقت ممکن ہے اور نہ ہی مقصود۔ اس لیے ہم ناولوں کے اجمالی حوالوں کے ساتھ اس باب میں تارڑ کی مجموعی کارکردگی اور

فنی کامیابی کے گراف کے بارے میں بات کریں گے۔ سب سے پہلے تو موضوعات کو دیکھا جائے کہ اپنے ان ناولوں میں انھوں نے کن مسائل، سوالات اور تجربات کا احاطہ کیا ہے۔

"بہاؤ" ایک سماج کو فوکس کر کے بود نابود کا قصہ بیان کرتا ہے۔ ہزاروں برس قدیم ایک بستی اور اُس کے باسیوں کا یہ ماجرا تغیر و تبدل اور ارتقا کے کائناتی منظرنامے کے ازلی و ابدی اصولوں کے ساتھ ہمارے سامنے آتا ہے۔ یہ اُس دور کی کہانی ہے جب تہذیب و تمدن کی تشکیل نہیں ہوئی تھی۔ اس دور میں انسانی سماج اَن گھڑ یا غیر مرتب حالت میں تھا۔ افراد کی بود و باش اُن کے داخل میں کارفرما بقا کی فطری طلب اور بیشتر جبلی خواہشوں کے زیرِ اثر تھی۔ ایک بستی یا ہم کہہ سکتے ہیں کہ ایک سماج رُخ بدلتے دریا کی بے مہری کے سبب معدومیت کی طرف بڑھتا ہے، جب کہ اس کے مقابل ایک سماج ابھرتا اور استحکام پاتا دکھائی دیتا ہے۔ تاہم فطرت کا اصول ہے کہ کوئی بھی گروہ، یا سماج محض خارجی عناصر کی وجہ سے معدوم نہیں ہوتا، بلکہ فنا کا آہنی پنجہ اُسے اپنی گرفت میں اُس وقت لیتا ہے جب اُس میں داخلی سطح پر بقا کی خواہش عملی جدوجہد سے عاری ہو جاتی ہے۔ "بہاؤ" میں تارڑ نے فنا و بقا کے اصولوں کا نقشہ ٹھیک ترتیب دیا ہے۔ انفرادی اور اجتماعی رویوں میں واضح طور پر نظر آنے والی کیفیت اس مسئلے کو تخلیقی سطح پر اجاگر کرنے میں کامیاب رہی ہے۔

"راکھ" میں عصری تناظر ہمارے سامنے آتا ہے۔ یہ خود ہمارا اپنا معاشرہ ہے، یعنی پاکستانی معاشرہ۔ اس ناول میں ٹائم فریم کا واضح تعین تو نہیں کیا جاسکتا، البتہ بعض متنی حوالوں کی وجہ سے یہ قیاس کیا جاسکتا ہے کہ قیامِ پاکستان کے فوری بعد کے برسوں سے نوّے کی دہائی کے وسط تک کا زمانی تناظر اس ناول میں قائم کیا گیا ہے۔ گویا یہ کچھ نصف

صدی کا قصہ ہے۔ ہماری قومی زندگی کے سماجی، تہذیبی اور سیاسی واقعات کو بھی اس ناول کے تار و پود میں سمویا گیا ہے۔ کہا جاسکتا ہے کہ کہانی میں حقیقت کا رنگ بھرنے کے لیے ۱۹۶۵ء اور ۱۹۷۱ء کی جنگ، ذوالفقار علی بھٹو، یحییٰ خان اور سابقہ مشرقی پاکستان جیسے حوالوں سے کام لیا گیا ہے۔ اسی طرح سعادت حسن منٹو، شاہ عالمی، لکشمی مینشن (لاہور) وغیرہ کے حوالے بھی فکشن کی دنیا کو حقیقت سے ماخوذ یا مربوط رکھنے کا تاثر دیتے ہیں۔ اس ناول میں مصنف کے پیشِ نظر تاریخ و تہذیب کے سوالات ہیں، مثلاً فرد کی انفرادی اور اجتماعی شناخت کا مسئلہ، معاشرے کی ہم آہنگی میں پڑتی ہوئی دراڑ، افراد کے مابین رونما ہوتی مغائرت، اصل کی جستجو، قدروں کا انہدام، مال و زر کی فوقیت وغیرہ۔ تاہم یہ مسائل اور ان کے پیدا کردہ سوالات کسی مرتب صورت میں ناول میں سامنے نہیں آتے، بلکہ انھیں کرداروں کے رویوں اور سماجی صورتِ حال میں یہاں وہاں بکھیر دیا گیا ہے، جس سے غالباً ناول نگار کا منشا یہ ہے کہ ایک وسیع سماجی دائرے میں انتشار اور ہمہ گیر لایعنیت کو اُجاگر کیا جائے۔

"قلعہ جنگی" میں افغانستان کو بیک ڈراپ بنایا گیا ہے۔ چناں چہ ہم دیکھتے ہیں کہ یہ افغانستان کی کہانی کہی جارہی ہے، یہ وہ افغانستان ہے جس کے مدرسوں کے طلبہ و اساتذہ نے اپنی مذہبی، فکری اور اخلاقی بنیادوں کے دفاع کے لیے میدانِ جنگ کا رُخ کیا تو ایسی دادِ شجاعت دی کہ دُنیا کی دوسری بڑی طاقت (روس) کو گھٹنے ٹیکنے پر مجبور کر دیا۔ "راکھ" ہی کی طرح اس ناول میں بھی واضح نشانات کے ساتھ زمانی دورانیے کا تعین تو نہیں کیا گیا ہے، لیکن جغرافیائی، سیاسی اور سماجی حوالے بتاتے ہیں کہ طالبان کے عروج و زوال کا زمانہ اس کہانی میں پیشِ نظر رکھا گیا ہے، یعنی وہ دور کہ جب وہ مجاہدین تھے اور ان کی ہر ممکن مدد دنیا کی ایک سپر پاور (امریکا) کی طرف سے جاری تھی۔ ڈالرز اور ہتھیاروں کی فراہمی

تو جیسے طالبان رہ نماؤں کے اشارۂ ابرو پر ہو رہی تھی۔ یہ طالبان کے عروج کا دور تھا۔ اس کے بعد وہ وقت بھی آیا کہ جب مدرسوں کے یہی نوجوان اور ان کے اساتذہ دہشت گرد اور انسانیت کے دشمن قرار پائے۔ پھر اسی امریکا نے اپنے حلیفوں کے تعاون سے افغانستان کی اینٹ سے اینٹ بجادی۔ اس کے شہروں کو کھنڈر میں بدل دیا اور تہذیب و ثقافت کا ملیا میٹ ہوا۔ یہ دورِ زوال تھا۔ مستنصر حسین تارڑ نے اس ناول میں تہذیبی سطح پر تو ان مسائل کو نہیں دیکھا ہے۔ البتہ اخلاقی، سماجی اور معاشی صورتِ حال کے پس منظر میں افغانستان کے اس تاریخی المیے کو فوکس کیا گیا ہے جو عصری تناظر میں اُس کی ثقافتی پامالی اور انسانی زندگی کی درماندگی و بے توقیری کا نقشہ ابھارتا ہے۔

"ڈاکیا اور جولاہا" بڑے سماجی اسکوپ، وسیع زمانی تناظر یا عمیق تہذیبی مسائل کا ناول نہیں ہے۔ یہ کہنا غلط نہ ہو گا کہ "بہاؤ" اور "راکھ" کے تقابل میں رکھ کر دیکھا جائے تو یہ ناول خاصا ہلکا محسوس ہوتا ہے۔ تاہم اس کی ایک جہت ایسی ہے کہ جو ہم سے توجہ کا تقاضا کرتی ہے اور وہ ہے دیہی زندگی کا منظر نامہ، جس میں ڈاکیا، جولاہا، دینے تیلی، نورے ماچھی اور نتالیہ جیسے کرداروں کے ذریعے ایسے تجربات کو گرفت کرنے کی کوشش کی گئی ہے جو معاصر فکشن میں اب تو نایاب ہی کے درجے میں آتے ہیں۔ ناول کا بیانیہ بھی اُس کے کرداروں اور اُن کی صورتِ حال کی طرح سادہ نظر آتا ہے، لیکن جب ذرا غور کیا جائے تو محسوس ہوتا ہے کہ سادہ کاری کا یہ پورا تناظر اپنی سطح کے سیاق میں جس معنویت کا ابلاغ کرتا ہے، ناول نگار نے صرف اسی پر اکتفا نہیں کیا، بلکہ ان کرداروں اور ان حالات کی معنویت کا ایک اور رُخ اس وقت سامنے آتا ہے جب انھیں علامتوں کے طور پر دیکھا جائے۔ چناں چہ یہ کردار اور ان کی صورتِ حال کی دبازت کا احساس ہوتا ہے اور معنویت کی ایک اور سطح ہمارے سامنے آتی ہے۔ اس مرحلے پر شہری زندگی پر غلبہ پاتی مادّیت اور

دیہی زندگی میں نمایاں نظر آنے والے غیر مادّی عناصر پر غور کرنے کا موقع ملتا ہے۔ یوں کہانی میں اسلوب، کردار اور ماجرے میں سادہ کاری کا مفہوم واضح ہوتا ہے اور مولانا روم کی تعلیمات سے کہانی میں اخذ و استفادے کی نوعیت اور معنویت قابلِ فہم ہو جاتی ہے۔

پون صدی سے زیادہ عرصے کی زندگی کے تجربے کو تھرڈ ورلڈ سے لے کر فرسٹ ورلڈ تک کے جغرافیائی دائروں میں سمیٹتا ہوا ناول "خس و خاشاک زمانے" مذہب و تہذیب کی اثر آفرینی اور فطرتِ انسانی میں پوشیدہ گروہی اور نسلی رویوں کی کشاکش کو موضوع بناتا ہے۔ کرداروں کی رنگا رنگی، زمانوں کا تسلسل، زمینوں کے روپ، رویوں کے بہروپ، تدبیر کی حیثیت، تقدیر کی نوعیت، فرد کا دائرہ، سماج کا اثر151 یہ سب کیا ہے، وسیع دائرے میں کس طرح ظاہر ہوتا ہے، فرد پر کسی شے کا کیا اور کتنا اثر ہوتا ہے اور سماج کے دائرے میں ان سب اثرات کی نوعیت کیا ہوتی ہے اور کس طرح ظہور کرتی ہے؟ ان سوالوں کو یا انسانی زندگی کے ان تجربات کو مقامی حوالوں (پنجاب کے سماج) سے لے کر بین الاقوامی دائرے (امریکا کی معاشرت) تک ایک وسیع زمانی سیاق میں ابھارا گیا ہے۔ یہاں افراد اور سماج دونوں کے حوالے سے مذہب کی بنیاد ہے اور اس کی بے اثری بھی، انفرادی جذبہ و عقل کے مظاہر ہیں اور اجتماعی فکر و شعور کی کارفرمائی بھی۔ زندگی کو اُس کے ایسے ہی حوالوں اور سوالوں کے دائروں کو جوڑ کر انسان کے ہونے کی نوعیت اور معنویت کو پرکھنے کی جستجو اس ناول کا موضوع ہے۔

تاحال شائع ہونے والا آخری ناول "اے غزالِ شب" اُن موضوعات سے ذرا الگ ہے جو عام طور سے مستنصر حسین تارڑ کے یہاں ہمیں ملتے ہیں۔ یہ آئیڈیل کی شکست کے پیدا کردہ احساس کو موضوع بناتا ہے۔ آئیڈیل یا مثالی دنیا کی شکست اور اس کے زیرِ اثر کردار کی کایا کلپ ہونا، بیگانگی، لایعنیت یا زندگی سے بیزاری کا شدید احساس بالکل نیا

موضوع تو نہیں ہے۔ اس سے پہلے بھی بہت سے لکھنے والوں نے اپنے فن میں اسے برتا ہے۔ وجودیت کے زیرِ اثر لکھے گئے تقریباً سارے ہی فکشن میں کسی نہ کسی صورت میں اسے دیکھا جاسکتا ہے۔ تاہم ایڈگر ایلن پو، کافکا اور ورجینیا وولف وغیرہم کے یہاں ہمیں یہ موضوع ذرا الگ رنگ میں نظر آتا ہے۔ اردو میں ہمارے یہاں انور سجاد، بلراج مین را، انور خان اور صغیر ملال کے یہاں بھی اسے اپنے اپنے انداز سے موضوع بنایا گیا ہے۔ تارڑ نے اسے جن نوجوانوں کے حوالے سے اس ناول میں پیش کیا، وہ اپنے ظہور کے اوّلیں مرحلے پر زندگی سے لبریز نظر آتے ہیں۔ اُن کی وارفتگی اور مثالیت پسندی کا رویہ انھیں اپنی زمینیں اور محبتیں چھوڑ کر انسانیت کی بھلائی کے کام پر لگا دیتا ہے۔ آگے چل کر وقت کا سفاک عمل اُن کے آئیڈیلزم کا سارا خمار اتار دیتا ہے۔ اب واپسی ہوتی ہے، لیکن واپسی کا یہ سفر ان کے زخموں کا مرہم نہیں بنتا، بلکہ تبدیلی کا ایک اور تجربہ انھیں چرکا لگاتا ہے۔ سفر در سفر تغیر کی یہ دنیا اُن کے سامنے اپنے حقائق کا اظہار کرتی ہے۔ افسوس، غصہ اور تھکن کا احساس حاوی ہو جاتا ہے۔ آدمی اپنی تقدیر کے پھیر سے باہر نہیں نکلتا۔ زندگی کا تغیر اور وقت کا عمل انسان کے آئیڈیلز کو مٹی کا ڈھیر بنا کر تقدیر کی قوت کا اثبات کرتا چلا جاتا ہے۔

لیجیے، دیکھ لیا آپ نے کہ ایک پرولیفک رائٹر کے ساتھ معاملہ کرنا کیسے جوکھم میں ڈالتا ہے آدمی کو۔ نہیں، اصل میں یہ دقت اُس وقت پیش آتی ہے جب ہم کسی مستنصر حسین تارڑ جیسے بسیار نویس کو اُس کی کلیتِ کار میں سمجھنے کی کوشش کرتے ہیں اور جب ہم اُس کے فن کو ساری وسعت کے ساتھ پرکھتے ہوئے اُس کے جوہر کو پانے کے خواہاں ہوتے ہیں۔ یہی وجہ ہے کہ ہمارے یہاں یار لوگ ایسے تخلیق کاروں کے ہر فن پارے کو الگ الگ دیکھ کر اور تالی بجا کر اپنی اور تخلیق کار دونوں ہی کی عزت بچا کر رخصت لینے

میں عافیت جانتے ہیں۔ خیر، تو اب یہ ہے کہ ہم تارڑ کے اُن ناولوں پر اجمالی نگاہ ڈال چکے جنھیں فکشن نگاری کے باب میں اُن کے فنی سفر کے نشانات باور کیا جاتا ہے۔

جہاں تک کام کی رسائی اور پذیرائی کا معاملہ ہے تو ہم دیکھتے ہیں کہ ڈاکٹر محمد علی صدیقی، مسعود اشعر، رشید امجد، ڈاکٹر امجد طفیل اور ڈاکٹر ممتاز احمد خان جیسی معروف ادبی شخصیات نے مستنصر حسین تارڑ کے ناولوں پر بات کی ہے اور انھیں سراہا ہے۔ ناول کے عصری تناظر میں اُن کی کارگزاری کا اعتراف کیا گیا ہے۔ یہ اعتراف اُن کے کرداروں، موضوعات، اسلوب اور فن پارے کے تانے بانے میں اٹھائے گئے سوالات کے حوالے سے ہے۔ مراد یہ ہے کہ اُن کا تخلیقی کام جو انھوں نے ناول نگاری کے باب میں سرانجام دیا ہے، نظر انداز ہر گز نہیں ہوا، بلکہ اُس کی پذیرائی ہوئی ہے۔

ہم نے دیکھا کہ تارڑ نے اپنے ناولوں میں فرد کے رویوں، سماج کے عروج وزوال، تہذیب و ثقافت کی کشاکش، جنگوں کی نوعیت اور سماج پر ان کے اثرات، افراد کی شناخت کے بحران، مذہب و تہذیب کے اثرات، جبلی اور نسلی رویوں کی منہ زوری، مادّیت اور روحانیت کا تصادم، قدیم و جدید کی تفریق جیسے موضوعات کو اپنے ناولوں میں اختیار کیا اور انسانی زندگی کی ماہیت اور معنویت کو جاننے کی کوشش کی ہے۔ دیکھا جائے تو یہی وہ مسالا ہے جس سے بڑا ادب تشکیل و تخلیق ہوتا ہے۔ چناں چہ اب اس امر کو سمجھنے کی ضرورت ہے کہ کیا اس سارے مواد کو برتنے اور ایسے موضوعات کو بہ روے کار لانے اور اس ڈھیروں ڈھیر کام کے بعد مستنصر حسین تارڑ نے اردو ناول کے ان تخلیق کاروں کی صف میں جگہ بنالی ہے، جن کا نام جریدۂ عالم پر تادیر ثبت رہے گا؟

واقعہ یہ ہے کہ کوئی بھی موضوع، انسانی زندگی کا کوئی بھی تجربہ، وقت یا حالات کی کوئی بھی کروٹ اور کسی بھی طرح کے کردار 151 یہ سب اپنی جگہ اہم ہیں۔ تاہم ان میں

سے کوئی بھی شے حتمی طور پر کسی فکشن نگار کے لیے کامیابی کی ضمانت نہیں دے سکتی۔ اس لیے کہ یہ سب کچھ تو فن کار کے لیے خام مواد ہوتا ہے۔ اصل میں تو یہ اُس کا فن ہے جو مٹی میں سے سونا نکال کر دکھاتا ہے، جو مسیحا کی طرح مردے میں جان ڈال کر اسے کھڑا کر دیتا ہے، جس کا لمس پا کر پتھر بولنے لگتے ہیں اور ہوا ساکت ہو جاتی ہے۔ فن کی یہ معجزہ کاری اُس کے اسلوب، تکنیک، اظہار کے قرینے، حیات و موت کے تصور، کرداروں (یعنی زندگی کے مظاہر) کی طرف اُس کے رویے اور قوتِ متخیّلہ کے باہم تال میل سے رونما ہوتی ہے۔ فکشن نگار کی معجزہ کاری کا احساس اُس کے قاری کو یوں تو فن پارے کی سطح پر بھی ہوتا ہے، لیکن اس کی لطافتوں کا درست اندازہ اُس وقت ممکن ہے، جب فن پاروں کا مطالعہ تحلیل و تجزیے کے ساتھ کیا جائے جب کہ ہمیں فی الوقت ایک مضمون کی حد میں رہنا ہے۔ ویسے نصف در جن سے زائد ناولوں کا ایسا مطالعہ ایک مضمون کا نہیں، پوری ایک کتاب کا تقاضا کرتا ہے۔ ادب میں کسی تخلیق کار کے مقام و مرتبہ کے تعین کے لیے ایک اہم اصول یہ ہے کہ اُس کے سب سے نمایاں کام کو پیشِ نظر رکھا جائے اور دیکھا جائے کہ اُس کی تخلیقی جست سب سے بڑھ کر جس فن پارے میں نظر آتی ہے، وہ کس جہانِ معنی کو روشن کرتا ہے۔

مستنصر حسین تارڑ کی فکشن کی پہلی تین کتابیں سنجیدہ قارئین و ناقدین کی توجہ حاصل کرنے سے قاصر رہیں۔ اس لحاظ سے دیکھا جائے تو اُن کی فکشن نگاری کا آغاز صحیح معنوں میں "بہاؤ" سے ہوتا ہے۔ اس ناول کی اشاعت کے بعد سنجیدہ ادبی حلقوں میں اُن کی ناول نگاری کے بارے میں قابلِ ذکر تاثر قائم ہوا۔ تاہم جیسا غلغلہ "راکھ" کی اشاعت پر بلند ہوا، ایسا پھر کسی اور ناول کے منظرِ عام پر آنے کے بعد نہیں ہوا۔ اس ناول کی بابت تارڑ کے قریبی احباب نے اور خود تارڑ نے بھی اپنے بعض انٹرویوز میں بڑی بڑی باتیں

کیں۔ اس کا موازنہ قرۃ العین حیدر کے شہرۂ آفاق ناول "آگ کا دریا" سے کیا گیا۔ کہا گیا کہ "راکھ" کے مقابل اردو میں اگر کوئی ناول ہے تو صرف یہی قرۃ العین حیدر کا ناول۔ یادش بخیر، لگ بھگ دو دہائی قبل تارڑ کے بعض کرم فرما تو اسے "آگ کا دریا" سے آگے بڑھاتے ہوئے بھی پائے گئے۔ سو کیا مضائقہ ہے اگر اس وقت جامع تجزیاتی مطالعے کے لیے اسی ناول کو پیشِ نظر رکھا جائے۔

"راکھ" ۱۹۹۷ء میں شائع ہوا اور اشاعت کے بعد کئی مہینے تک، بلکہ شاید سال بھر اہلِ ادب و نقد کی گفتگوؤں میں کسی نہ کسی عنوان شامل رہا۔ موضوعِ گفتگو بننے کا ایک سبب وہ سرکاری ایوارڈ بھی تھا جو ۱۹۹۸ء میں اس ناول کو دیا گیا۔ ویسے اس ناول پر تبصرہ کرنے والے لوگوں میں منشا یاد اور مسعود اشعر ایسے تخلیق کار بھی شامل تھے جن کا اپنا تخلیقی میدان کہانی ہی ہے۔ اکثر ناقدین کی طرح ان دونوں حضرات نے بھی مستنصر حسین تارڑ سے اپنے شخصی مراسم کا لحاظ رکھتے ہوئے اس ناول کو اردو فکشن کے اہم کاموں میں شمار کیا ہے۔ ہم نے اس ناول کا مطالعہ تو ایسی ہی آرا کے زیرِ اثر کیا تھا، لیکن ہمارا ذاتی تاثر جو "راکھ" کے بارے میں بنا ہے، وہ ان آرا سے مختلف ہے۔

اگر ہمیں اس ناول کی بابت اپنی رائے کا اظہار ایک جملے میں کرنا پڑے تو ہم کہیں گے کہ ناپختہ احساسات اور فکری انتشار کے ملغوبے سے تیار کیا گیا یہ ناول تخلیقی سطح پر ایک ناکام تجربہ ہے۔ تفصیل اس اجمال کی یہ ہے کہ ناول نگار نے اس کہانی کی بنت میں رومانی فلموں، معاشرتی ڈراموں، صحافیانہ سیاسی تجزیوں اور ہیجان انگیز مو ویز کی تکنیک کو ہم آمیز کر کے استعمال کیا ہے۔ ظاہر ہے کہ یہ چاروں شعبے جو قدر مشترک رکھتے ہیں، وہ ہے کمرشل رائٹنگ۔ کمرشل رائٹنگ کا بنیادی مسئلہ یہ ہوتا ہے کہ اس میں زیادہ سے زیادہ لوگوں کے لیے دل چسپی کا سامان پایا جائے۔ اگر اس کی کوئی علمی و ادبی سطح ہو سکتی ہے تو وہ

بھی ایک عام آدمی کے لیے قابلِ فہم ہو۔ فکر و نظر کی پختہ کاری کے ساتھ کمرشل رائٹنگ کو نباہنا آسان کام نہیں ہوتا۔ اس کے لیے کم سے کم اشفاق احمد والی ذہانت، بصیرت اور مہارت درکار ہوتی ہے۔ مستنصر حسین تارڑ نے اس ناول میں جن احساسات کو رقم کیا ہے، وہ ادھ کچرے اس لیے ہیں کہ انھوں نے ناول کو بھی اپنے سفر ناموں کی طرح عوام میں مقبول بنانے کی خواہش کو فراموش نہیں کیا۔ نتیجہ یہ کہ انھیں اس ناول کے خام مواد میں کچھ ایسا مسالا ڈالنا پڑا جو ادب کے سنجیدہ قاری کے لیے دل چسپی کا کوئی سامان نہیں رکھتا۔ مثال کے طور پر ناول کے آغاز سے اختتام تک کرداروں کا نیم مزاحیہ رویہ جو گاہے بہ گاہے ہمارے سامنے آتا ہے، وہ کہانی کے بعض سنجیدہ مقامات کے تاثر کو زائل کر کے رکھ دیتا ہے۔ علاوہ ازیں کچھ واقعات اور بعض کرداروں کے حوالے سے کچھ جملے ناول میں متواتر دُہرائے جاتے ہیں جیسے "چار مرغابیوں کا خوشی سے کوئی تعلق نہیں۔" یا "امپوٹنسی کے لیے کوئی وقت مقرر نہیں۔" یا کہانی میں کالیا کا کردار جس کا تکیہ کلام ایک گالی ہے اور اس کے کتے کا نام "برادرِ عزیز" یا مشاہد اور مروان کے درمیان گفتگو کے وہ الفاظ، بھائی جان، مہربان، جنگل بیابان وغیرہ۔ یہ باتیں ڈراموں اور فلموں میں چل سکتی ہیں کہ ایسا کردار جب بھی اسکرین پر آئے گا، ناظرین اس کی ان کی بے تکی حرکتوں یا لغو فقروں سے لطف لیں گے، لیکن سنجیدہ ادب میں یہ تکرار جو کہ برائے تکرار ہے، سخت ناگوار گزرتی ہے۔

"راکھ" کو مستنصر حسین تارڑ کے ٹریٹمنٹ کے تجربے نے بھی خراب کیا ہے۔ وہ ایک کامیاب سفر نامہ نگار ہیں۔ اس کہانی کو بھی انھوں نے اسی فارمولے پر چلایا ہے جو کہ وہ اپنے سفر ناموں میں استعمال کرتے ہیں۔ ہمیں یہ ناول نہ تو خطِ مستقیم میں سفر کرتا ہوا نظر آتا ہے اور نہ ہی اس کی حرکت زمانی دائروں میں نظر آتی ہے۔ واقعہ یہ ہے کہ اس

ناول میں وقت کا کوئی مربوط اور واضح تصور ہمیں نہیں ملتا۔ ماضی، حال اور مستقبل کو اس کہانی کے دائرے میں کہیں الگ نہیں کیا گیا۔ یوں لگتا ہے کہ جو بات یا واقعہ ناول نگار کے علم میں جس وقت آیا یا اسے جب بھی سوجھا، اس نے ناول کی بنت میں اس کی جگہ تلاش کرنے کے بجائے، جہاں جگہ ملی ہے، اسے وہیں ٹانک دیا ہے۔ کہانی کے اپنے تسلسل اور بہاؤ میں یہ چیزیں بری طرح رکاوٹ بنتی ہیں۔ مثال کے طور پر ناول کے دائرۂ کار سے ذوالفقار علی بھٹو کی اس تقریر کا کوئی تعلق نہیں جو خود ان کے لیے انقلاب آفریں ثابت ہوئی تھی۔ ناول نگار نے بڑی صراحت کے ساتھ اس پورے واقعے کو نقل کیا ہے، لیکن بیان سے پہلے یا بعد میں کہیں بھی اس تقریر کی کوئی relevance کہانی کے مرکزی مسئلے سے دکھائی نہیں دیتی۔ اسی طرح منٹو سے ملاقاتوں کا احوال، لکشمی مینشن کا قصہ، قیامِ پاکستان کے فوری بعد کے ہنگامے وغیرہ اس ناول میں جس طرح بیان کیے گئے ہیں وہ ناول کا جزوِ لاینفک بنتے ہیں اور نہ ہی اس کے سیاق وسباق کا کوئی معنوی بُعد روشن کرتے ہیں۔

بات یہ نہیں ہے کہ ناول نگار ان واقعات کو صحیح طور سے لکھ نہیں پایا ہے، نہیں، ایسا نہیں ہے۔ سچی بات یہ ہے کہ بعض واقعات اور منظرنامے بڑی خوبی سے لکھے گئے ہیں۔ ناول نگار نے ان کے خد و خال کو لفظوں میں پوری طرح واضح کیا ہے، لیکن جس طرح منی ایچر میں ایک ماہر مصور رنگوں کی آمیزش سے اندھیرے اور روشنی کا احساس قائم کرتے ہوئے کرداروں کو ان کی اہمیت اور وقعت کے ساتھ اجاگر کرتا ہے، اسی طرح کا عمل فکشن نگار بھی کرتا ہے، لیکن ایسی کوئی مہارت ہمیں اس ناول میں نظر نہیں آتی۔ اب یہاں مثال کے طور پر قرۃ العین حیدر کے "آخرِ شب کے ہم سفر" کو پیش کیا جاسکتا ہے۔ اس ناول کی بنت اور کہانی کا تسلسل ہی نہیں، بلکہ ڈوبتے ابھرتے کردار بھی ہمارے سامنے اس تصویر اور معنویت کو اجاگر کرتے چلے جاتے ہیں جو کہ ناول نگار کا منشا

ہے۔ واقعہ یہ ہے کہ کہانی کار کو اگر اپنے موضوع اور اس کے مسائل کو ان کی روح کی گہرائی میں اتر کے سمجھنے اور پیش کرنے کا ہنر نہ آتا ہو تو وہ معنویت کی تشکیل میں ناکام رہتا ہے۔ اس ناول میں مستنصر حسین تارڑ کی ناکامی کا سبب یہی ہے۔

ہماری سماجی صورتِ حال، خصوصاً لاہور کی سماجی، سیاسی زندگی کو اس ناول میں قدرے بہتر انداز میں پیش کیا گیا ہے۔ یہ اس ناول کی خوبی ہے۔ ناول نگار نے لاہور کو اس کے ماضی اور تاریخی تناظر میں رکھ کر دیکھنے کی جو کوشش کی ہے وہ تو کامیاب نہیں رہی، لیکن اپنے زمانے اور آزادی کے بعد بنتے بدلتے لاہور کا جو نقشہ انھوں نے کھینچا ہے، وہ خوب صورت بھی ہے اور دل چسپ بھی۔

اس ناول میں مستنصر حسین تارڑ نے پاکستان کی تہذیبی اور ثقافتی جڑیں بھی تلاش کرنے کی کوشش کی ہے۔ تاہم اس کام کے لیے انھوں نے جو کردار تراشا ہے، وہ کسی سرکس کا مسخرہ معلوم ہوتا ہے۔ شراب اور شباب اس کی زندگی کے لوازم ہیں۔ مجرے کرانے اور سرحدی قبائلی علاقوں میں جاکر ٹوٹے پھوٹے مجسّمے اور ممٹیاں تلاش کرنے اور انھیں پاکستان سے باہر لے جاکر فروخت کرنے والا یہ کردار جس کا نام کالیا ہے، ہماری سماجی صورتِ حال پر تو تبصرہ کرتا ہے کہ ہم نے اپنی تہذیبی جڑوں کی تلاش کا کام کیسے کیسے مجہول اور محض کاروباری افراد کے سپرد کر دیا ہے، لیکن یہ کردار کسی بھی طرح وہ رول ادا کرتا نظر نہیں آتا جو کہ مصنف نے اسے سونپا ہے۔

سیاسی سماجی صورتِ حال کے حوالے سے تہذیبی شناخت کا کوئی ایک حوالہ بھی تلاش کرنا آسان کام نہیں ہوتا، مگر ہاں جب کہانی کار یہ کام کرنے میں کامیاب ہو جاتا ہے تو اسے اس کا سراغ بھی مل جاتا ہے۔ میلان کنڈیرا کے ناول "دی بک آف لافٹر اینڈ فارگیٹنگ" کے ایک باب میں ایک ایسی عورت کا قصہ بیان کیا گیا ہے جو کہ جلاوطن ہے۔

وطن چھوڑتے ہوئے وہ اپنی ڈائریاں اور خطوط اپنے ملک ہی میں چھوڑ کر آئی تھی۔ اب وہ خطوط اس کے لیے بہت بڑا جذباتی سرمایہ بن چکے ہیں۔ وہ انھیں حاصل کرنا چاہتی ہے۔ ان کے لیے اس کی تڑپ اور انھیں حاصل کرنے کی راہ میں رکاوٹ بننے والا اس کے ملک کے سیاسی حالات کا تغیر اور سماجی انقلاب کہ جس کی وجہ سے اس نے ملک کو خیرباد کہا تھا اور اب واپس نہیں جاسکتی، ان سب حوالوں کو کنڈیرا نے جس طرح ناول کے ماجرے میں blend کیا ہے، وہ اس کی فن کاری کا منہ بولتا ثبوت ہے۔ المیہ یہ ہے کہ اب وہ عورت اپنے خطوط حاصل نہیں کر پاتی، لیکن ناول نگار کا کمال یہ ہے کہ اس نے اس عورت کے ذاتی المیے کو پورے سماج اور اس کی ہم عصر تاریخ کا المیہ بنا دیا ہے۔ مستنصر حسین تارڑ مشرقی پاکستان کو "راکھ" میں حوالہ بناتے ہیں۔ اس کے سیاسی حقائق رقم کرتے ہیں، فوجی اقدامات پر تبصرہ کرتے ہیں، مروان کو اس واقعے کے بعد ایک ایسا قلندر بنا دیتے ہیں جو کہ چارپائی پر نہیں سوتا، حتیٰ کہ عارفین اور اس کی بہن کے ساتھ زنا بالجبر تک دکھا دیتے ہیں، مگر وہ معنویت پیدا کرنے سے قاصر رہتے ہیں جو کہ ایک بڑی کہانی کا خاصہ ہوتی ہے۔

مشرقی پاکستان کے اس واقعے کو پیشِ نظر رکھتے ہوئے پوچھا جاسکتا ہے، کیا یہ ناول ہماری قومی تاریخ کا المیہ رقم کرنے کی کوشش ہے؟ ناول نگار اس سوال کا جواب اثبات میں دے گا، لیکن بہ حیثیت قاری ہمارا جواب نفی میں ہے۔ اس کے دو اسباب ہیں۔ اوّل یہ کہ تاریخ کا المیہ رقم کرنے کے لیے کہانی کار کو زندہ، فعال اور بڑے کردار پیش کرنے پڑتے ہیں۔ بڑے کردار سے ہماری مراد اپنی معنویت میں بڑے کردار ہیں۔ "راکھ" میں ہمیں ایک بھی بڑا کردار نظر نہیں آتا۔ سب کردار کم و بیش یکساں قد و قامت رکھتے ہیں۔ تاہم اس بات سے انکار نہیں کیا جاسکتا کہ ان میں چند ایک کرداروں میں بڑا بننے کی

صلاحیت ضرور تھی۔ مثال کے طور پر مشاہد، مروان، برگیتا، شوبھا چاروں کردار ایسے ہیں کہ انھیں صحیح خطوط پر grow کیا جاتا تو ان میں اپنے اپنے تئیں بڑا ہونے کی گنجائش تھی، لیکن شوبھا کو ناول نگار نے محض entertaining کردار بنایا ہے، جب کہ مروان کو ایک گنجلک اور نفسیاتی مریض کے طور پر پیش کیا گیا ہے۔ رہ گئے مشاہد اور برگیتا تو ان کا ماجرا یہ ہے کہ اس کہانی کے دوسرے بیشتر کرداروں کی طرح انھیں بھی جنسی جبلت صحت مند کردار بننے ہی نہیں دیتی۔

سچی بات پوچھی جائے تو اس ناول کے کرداروں کا سب سے بڑا مسئلہ جنسی بے چینی ہی نظر آتی ہے۔ حد یہ ہے کہ جنسی جبلت کا یہ غلبہ انھیں مریض کے طور پر پیش کر رہا ہے، لیکن کہانی کار کی اس پر توجہ ہی نہیں ہے۔ دوسری بات یہ ہے کہ اس ناول میں ہمیں ناول نگار کی تنقیدی نگاہ اور سماجی تاریخ کا شعور کام کرتا دکھائی نہیں دیتا۔ یہی وجہ ہے کہ سیاسی واقعات، سماجی حالات، معاشی صورتِ حال اور تاریخی حوالوں کے باوجود کہانی رائگاں چلی جاتی ہے۔ ناول کے کرداروں کے سفر میں ہمیں انسانی زندگی کی تلخیاں اور سنگینیاں تو ضرور دکھائی دیتی ہیں، لیکن اُن کی growth نہیں ہو پاتی، لہٰذا ان میں وہ قوت نظر نہیں آتی جو انھیں اس سطح پر لا سکے کہ ان کی زندگی کی تلخیاں اور سنگینیاں قاری کو اپنی محسوس ہوں اور اس کے احساس کی کیفیت بدل جائے۔ وہ جو گابرئیل گارشیا مارکیز کے "ہنڈرڈ ایئرز آف سولیٹیوڈ" یا "لو ان دی ٹائم اوف کولرا" میں کہانی کار کا integrated vision کارفرما نظر آتا ہے، وہ ہمیں مستنصر حسین تارڑ کی اس کہانی میں نہیں ملتا۔ یہی وجہ ہے کہ وہ اس کہانی میں کوئی بڑی اور عہد آفریں معنویت تشکیل دینے سے قاصر رہتے ہیں۔

اس مضمون کے آغاز میں ایک سوال قائم کیا گیا تھا، ٹی وی ڈراموں اور سفر ناموں

کے ذریعے شہرت، عزت اور دولت، سبھی کچھ پانے کے باوجود تارڑ کو ناول لکھنے کی ضرورت کیوں پیش آئی؟ گفتگو کے اس مرحلے پر ہمیں اس سوال کا جواب فراہم ہو سکتا ہے۔ مستنصر حسین تارڑ بنیادی طور پر ادیب ہیں۔ اب تک کی گفتگو میں ہم دیکھ آئے ہیں کہ فکشن نگاری کا انھیں شوق ہی نہیں ہے، بلکہ وہ اس کی صلاحیت بھی رکھتے ہیں اور یہ صلاحیت آغاز ہی سے ان میں پائی جاتی ہے۔ ٹی وی کے لیے ڈراما نگاری، اداکاری اور پھر سیر و سیاحت اور سفر نامہ نگاری نے انھیں بہت کچھ دیا، لیکن نہ دی تو بس وہ تخلیقی آسودگی جو کسی بھی جینوئن ادیب کے لیے زندگی کی سب سے بڑی دولت ہوتی ہے۔ اس تخلیقی آسودگی کے لیے سچا ادیب کالے کوس کاٹنے پر آمادہ ہو جاتا ہے۔ چناں چہ تارڑ بھی سب کچھ ملنے کے باوجود ناول نگاری کے میدان میں اپنی صلاحیت کو آزمانے سے باز نہ رہ سکے۔ اب خرابی یہ ہوئی ہے کہ ناول کی طرف سنجیدگی کے ساتھ وہ بعد میں آئے، شہرت کے کوٹھے جھانکنے کا موقع انھیں پہلے مل گیا۔ کوٹھا طوائف کا ہو یا شہرت کا، پاؤں میں ہوس کے گھنگرو باندھ دیتا ہے۔ یہی ماجرا تارڑ کو پیش آیا۔ انھوں نے تخلیقی آسودگی کی آرزو میں ناول تو ضرور لکھے، لیکن وہ جو شہرت کی چاٹ لگی تھی، اُس نے یہاں بھی اُن کے پاؤں میں گھنگرو باندھ کر ناچنے کے موقعے پیدا کر دیے۔ نتیجہ یہ کہ وہ فن جو سچی لگن اور تپسیا کے بعد پیدا ہوتا ہے، اُن کے یہاں نہیں ملتا۔

چناں چہ ہم دیکھتے ہیں کہ وہ اپنے ناول کے لیے حیات و کائنات کے کسی بڑے موضوع کا انتخاب تو بے شک کرتے ہیں، اس کی تفہیم کے لیے سوالوں کے سلسلے سے بھی گزرتے ہیں، ناول میں گمبھیر situations بھی بناتے ہیں، اچھے خاصے کرداروں کا انتخاب کرتے ہیں، ان کے اندر باہر کے مناظر دیکھتے اور دکھاتے ہیں، ان کرداروں کا تفاعل بھی ٹھیک ٹھاک ہوتا ہے اور یہ جس ماجرے سے دوچار ہوتے ہیں، وہ بھی ایسا

فرومایہ نہیں ہوتا کہ اُس میں زندگی کے گہرے عمل کو سہارنے کی سکت ہی نہ ہو۔ اس کے برعکس ہم دیکھتے ہیں کہ بعض اوقات ان کے کرداروں اور ماجرے دونوں میں اتنی جان ہوتی ہے کہ انھیں بڑے حقائق کی جستجو کا ذریعہ بنایا جاسکتا ہے۔ یہ سب کچھ ہوتا ہے، لیکن اس کے باوجود اُن کے یہاں فن پارہ بڑا نہیں بن پاتا۔ "راکھ" کو تو ہم نے بالتفصیل دیکھ لیا ہے، اک طائرانہ نگاہ دوسرے کچھ ناولوں پر بھی ڈال لی جائے۔

افغانستان کے شہر مزار شریف کے نزدیک واقع اُنیس ویں صدی کے قلعہ جنگی کے تہ خانے میں بیٹھے اور موت کی راہ دیکھتے ہوئے اُن لوگوں سے ملیے جو مختلف زمینوں اور گروہوں سے تعلق رکھتے ہیں۔ کوئی ان میں سے کسی پاکستانی جنرل کا بیٹا ہے، کوئی پنجاب کے دیہات سے آیا ہے، کوئی پشتو مزدور ہے اور کوئی برطانیہ کا عرب مسلمان۔ ان سب کو یہاں تقدیر نے اکٹھا کر دیا ہے 151 وہ تقدیر جو اب صرف موت کی صورت میں ان سے آکر ملے گی۔ بے بسی کے اس اندوہ ناک مرحلے پر یہ لوگ وقت کے عفریت سے آنکھیں چرانے کے لیے ایک دوسرے سے اپنا ماجرا بیان کررہے ہیں۔ یہ منظر سب سے پہلے ہمارے ذہن میں قصّۂ چہار درویش کو تازہ کرتا ہے۔ یہ ہماری فکشن کی تاریخ کا ایک زندہ حوالہ ہے جو وقت کے امتحان سے گزر کر آج بھی ہمارے مستحضر حافظے کا حصہ ہے۔ "قلعہ جنگی" کے اس منظر سے جب ہمارا دھیان درویشوں کے اس قصے کی طرف جاتا ہے تو ازخود ایک توقع پیدا ہو جاتی ہے کہ یہاں بھی زندگی کے وقیع تجربات اور انسانی احساس کی تہ در تہ معنویت کو سمجھنے کی صورت پیدا ہوگی، لیکن افسوس کہ ہمیں یہاں صرف موت کے غیر مردانہ خوف کا ہی مشاہدہ ہوتا ہے۔ اس سے آگے ناول کا بیانیہ sentimental approach اور سیاسی حوالوں سے غیر ضروری طور پر آلودہ ہے، وہ ہمیں کسی بڑی حقیقت کی طرف لے کر نہیں بڑھتا۔

جنگ بہت بڑا موضوع ہے، اس پر بڑے بڑے ادیبوں نے طبع آزمائی کی ہے۔ ٹولسٹوئے، وکٹر ہیوگو اور جوزف کانرڈ کو مختلف تہذیبوں کی ایسی ہی ابتلا کی باکمال اور احساس کی صورت گری کرتی تصویریں دکھانے والی مثالوں کے طور پر پیش کیا جاسکتا ہے۔ ان تخلیق کاروں کے ناولوں میں جنگ محض افراد کے کردار ہی نہیں، پورے سماج کی شخصیت کو بدلتے ہوئے دکھائی گئی ہے۔ چناں چہ جنگ ایک علاقے اور ایک زمانے کا تجربہ ہونے کے باوجود اپنی سفاک معنویت کا اظہار اس طرح کرتی ہے کہ لامکانی اور لازمانی ہوجاتی ہے۔ "قلعہ جنگی" میں مصنف کی نکتہ آفرینی کا درجہ صحافتی رپورٹنگ سے اوپر نہیں اٹھتا۔ کرداروں کا احوال retrospective ہوکر پاکستانی فوج کے ایک راشی جنرل اور دیہی پنجاب کے تمسخر تک پہنچتا ہے اور وہ بھی کسی گہرائی کے بغیر۔ افغانستان کے مدرسوں کے طلبہ کا مجاہدین سے دہشت گردی تک کا سفر بھی سیاسی و صحافتی بیانیے کا ملغوبہ معلوم ہوتا ہے۔

پنجاب کی زندگی، ثقافت اور سماجی تناظر کو "خس و خاشاک زمانے" کی بنیاد بنایا گیا ہے۔ اس حوالے سے اس ناول کو سماجی ساگا کہا گیا۔ اس میں نسلوں کی کہانی ہے۔ زبان، ثقافتی مظاہر، موسم، اشجار، لینڈ اسکیپس، فصلیں، کھلیان، مزدور، عوام، خواص، جڑوں کی تلاش، انفرادی اور اجتماعی شخصیت کے روپ 151 مسالا تو اس ناول میں بہت ہے، لیکن بس وہی شے نہیں ہے جو ایسے کسی تخلیقی کام کو اپنے قاری کے زندہ تجربے میں ڈھال دیتی ہے۔

اس ناول میں اٹھائے گئے سوالات نئے ہیں اور نہ ہی ادب و فن کی دنیا میں ان سوالوں کے جواب پانے کی خواہش نئی ہے۔ دنیا کا سارا بڑا ادب ایسے ہی سوالوں سے بھرا ہوا ہے۔ ادب کے راستے انسانی زندگی کی ماہیت کو جاننے اور معنویت کو پانے کی آرزو

رکھنے والے ہر تہذیب اور ہر زمانے کے ادیبوں نے اپنے اپنے سیاق میں ایسے ہی سوالوں کو تخلیقی سفر کا زادِ راہ بنایا ہے۔ مستنصر حسین تارڑ نے بھی اپنے جگر کے سوز اور فن کی جرأت کو اسی دائرے میں آزمایا ہے۔ یہاں جو چیز نئی ہے وہ ناول کا زمانی سیاق ہے جو بیسویں صدی کی لگ بھگ آٹھ دہائیوں کو محیط ہے۔ اس دائرے میں پنجاب سے لے کر نیویارک تک کا سموپولیٹن سماج کے کردار ہیں۔ یہ کردار مذہبی، ثقافتی، جغرافیائی، معاشی اور جنسی حوالوں کے ساتھ کہانی کے بیانیے میں رونما ہوتے ہیں۔ ان کے قدم سے قدم ملا کر چلتی جبلت اور راستہ کاٹتی تقدیر کہیں تناؤ اور کہیں انجذاب کا منظر ابھارتی ہے۔ اسی حوالے سے ہمیں تخلیق کار کی فنی کاوش کو دیکھنے کا موقع ملتا ہے۔

ٹھیک ہے کہ اس ناول کے لیے تارڑ نے تحقیق کی ہوگی، کتابیں، فائلیں اور ریکارڈ کھنگالے ہوں گے، لیکن فکشن سے ہم ایک ایسے جمالیاتی تجربے کی تشکیل کا مطالبہ کرتے ہیں جو ہمارے احساس کی کیفیت کو بدلنے کی صلاحیت رکھتا ہو۔ ہم کسی ناول سے تحقیق کے حوالے اخذ نہیں کرتے، بلکہ یہ دیکھتے ہیں کہ وہ ہمارے احساس کی نئی تشکیل کرتا ہے کہ نہیں۔ چناں چہ کسی ناول کی اثر پذیری کا کمال یہ ہے کہ وہ ہمارا دھیان اُس تحقیق و تدقیق کی طرف جانے ہی نہ دے جس کی کھکھیڑ فکشن نگار نے اٹھائی ہو۔ اُس کا جمالیاتی اظہار اتنا طاقت ور ہونا چاہیے کہ وہ ہمارے احساس کو انکشاف اور فہم کے اُس راستے پر ڈال دے جہاں ہمیں زندگی کا وہ لمس میسر آئے جو ہمارے وژن میں تبدیلی لے آئے۔ "خس و خاشاک زمانے" میں پنجاب کی ثقافتی زندگی کا منظر تو بے شک وسیع ہے، لیکن اس کی کیفیت اُن رنگوں سے عاری ہے جو قاری کی رگوں میں دوڑتے خون میں شامل ہو کر اُس کا رنگ و آہنگ بدل دیتے ہیں۔

کمیونزم کی شکست یا آئیڈیلزم کی موت کے پس منظر میں لکھا گیا ناول "اے غزالِ

شب "خوابوں کی شکست کو بیان کرتا ہے۔ یہاں نئی دنیاؤں کی عقدہ کشائی ہوتی ہے۔ سیر و سیاحت بھی ہوتی ہے۔ نوجوانوں کی جذباتیت بھی سامنے آتی ہے، زمینیں کس طرح رنگ بدلتی ہیں اور وقت کس طرح نئی منزلوں کی سمت جا نکلتا ہے۔ ناول نگار نے یہ سب تو بتایا ہے، لیکن وہ اسے پڑھنے والے کے تجربے میں ڈھالنے سے قاصر رہتا ہے۔ اصل میں اس کی توجہ کھیل تماشوں کی طرف مرکوز رہتی ہے اور اُسے اس بات کا خیال ہی نہیں آتا کہ مثالیت پسندوں کے سوالات ہی اور ہوتے ہیں۔ اُن کے لیے اپنے آئیڈیل سے بڑی کوئی شے زندگی میں، بلکہ اس پوری کائنات میں نہیں ہوتی۔ جب وہ اپنے آئیڈیل کی موت کے المیے سے دوچار ہوتے ہیں تو وہ اس تجربے کے ذریعے سمجھنے کی کوشش کرتے ہیں کہ خوابوں کی شکست و ریخت کس طرح زندگی کا ناگزیر حصہ ہوتی ہے۔ اگر اُن کا آئیڈیلزم تہذیبی سطح کا ہو تو پھر اُن کے لیے سب سے بڑا سوال یہ ہوتا ہے کہ تہذیبیں کس طرح ایک مرحلے پر سرکشیدہ نظر آتی ہیں اور پھر دوسرے مرحلے پر سنسناتی ہواؤں کی گزر گاہ بن جاتی ہیں، ایک زمانے کے بڑے بڑے آدرش وقت کی جنبشوں میں اپنی بڑائی کس طرح کھو دیتے ہیں۔ ان سوالوں کی تہ میں کہیں اس سوال کے کھوج کی آرزو بھی ہوتی ہے کہ وجود کے پیش پا افتادہ مسائل روح کے عمیق ولطیف تقاضوں کو کس طرح روندتے چلے جاتے ہیں۔

ویسے ان سوالوں کی تفتیش اس ناول میں اور ان کرداروں کے ساتھ کوئی اَن ہونی بات بھی نہیں تھی۔ تارڑ نے جن جذباتی نوجوانوں کے کردار تراشے تھے اور جس طرح ان کی مثالیت پسندی کو موضوع بنایا تھا، ان میں یہ سکت پیدا کی جاسکتی تھی کہ اُن سے بڑے مسائل کی تفتیش اور تفہیم کا کام لیا جاتا، لیکن ایسا نہیں ہو پاتا۔ ہم دیکھتے ہیں کہ ناول نگار لینن اور اسٹالن کے مجسّموں کے گرائے جانے اور ان کے زیرِ زمین گوداموں میں

منتقل ہونے اور ملبے کی صورت بکنے کے صحافتی بیانیے کا ہو کر رہ جاتا ہے۔ ایسی ہی ایک سرسری کیفیت کا مشاہدہ ہم اُس وقت کرتے ہیں جب ان خواب پرستوں میں سے ایک نوجوان جو چالیس سال بعد بڑھاپے کی دہلیز پر، وطن (لاہور) واپس آتا ہے۔ بدلی ہوئی زندگی کا تجربہ اسے بس ایسے سوالوں سے دوچار کرتا ہے کہ مال روڈ پر جو تانگے چلا کرتے تھے، وہ اب کہاں چلے گئے؟ اس سوال پر قاری کو خیال گزرتا ہے کہ شاید یہاں سے تہذیبی تغیر کو سمجھنے کا راستہ کھلے گا۔ شاید یہ طنز ہو گا جو گہرائی میں جا کر ثقافتی المیے کا احساس جگائے گا، لیکن ایسا کچھ نہیں ہوتا اور یہ سوال محض ایک سرسری احساس تک محدود رہتا، کسی گہری معنویت کے فروغ کا ذریعہ نہیں بنتا۔

یوں ہم دیکھ سکتے ہیں کہ تارڑ کے یہ ناول اپنی اوّلین قرأت میں چاہے قاری کی دل چسپی کو برقرار رکھتے ہوں، لیکن اُسے کسی ایسی گہری معنویت سے ہم کنار نہیں کرتے جو اُسے ناول کے کرداروں اور اُن کے ماجرے کے بارے میں سوچنے پر مجبور کرے۔ اُس کے اندر کچھ سوالات اُٹھائے، اس کے بعض سوالات کا جواب فراہم کرے اور کچھ سوالوں کی تفتیش کا فریضہ اسے سونپ دے 151 یا کم سے کم ناول کی بارِ دیگر قرأت کی طرف ہی اسے مائل کر سکے اور اسے اپناوژن از سرِ نو بنانے کی ترغیب دے۔

قدرت کسی سے ناانصافی نہیں کرتی، حتیٰ کہ مستنصر حسین تارڑ جیسے لوگوں سے بھی نہیں کہ جو خود سے ناانصافی کرتے ہیں اور اپنے جوہر کو misuse کرتے ہیں۔ ممکن ہے، یہ بات تارڑ کے مداحوں کے حلق سے ذرا مشکل سے اُترے کہ اُن کا حقیقی تخلیقی جوہر اُس انداز اور اُس سطح پر اُن کے فکشن میں بالعموم بہ روے کار نہیں لایا گیا ہے، جس پر آ کر وہ اپنی صلاحیت اور قوتِ کار کا بہتر اظہار کر سکتا تھا۔ یہ بات پوری ذمے داری سے کہی گئی ہے۔ اس بیان کے حق میں دلیل بھی خود تارڑ کے کام سے فراہم ہوتی ہے۔ اُن کا

ناول "بہاؤ" یہ دلیل ہمیں فراہم کرتا ہے۔ اس ناول کے تخلیقی تجربے کی نوعیت تارڑ کے دوسرے کاموں سے بہت مختلف ہے۔

"بہاؤ" ایک بہتر سطح کا ناول ہے۔ کہانی کی بنت، کرداروں کی کیفیت، مناظر کی وسعت، بیانیے کی تہ داری اور ابلاغ کی قوت کے اعتبار سے یہ تارڑ کا سب سے اچھا ناول نظر آتا ہے۔ کہا جانا چاہیے کہ یہ صرف تارڑ کا ہی اچھا ناول نہیں ہے، بلکہ اردو کے منتخب ناولوں میں شمار کیا جائے گا۔ ویسے متعدد انٹرویوز میں تارڑ نے خود بھی اسے اپنا پسندیدہ ناول قرار دیا ہے، حالاں کہ اُن کے دوسرے ناولوں کے مقابلے میں اس کی عوامی سطح پر پذیرائی کم ہوئی ہے۔ اس سے ہمیں دو باتوں کا پتا چلتا ہے، پہلی یہ کہ تارڑ ایک اچھا ادبی ناول لکھنے کا پورا پوٹینشل رکھتے ہیں۔ دوسری یہ کہ وہ اس حقیقت سے بھی آگاہ ہیں کہ ادب کے کون سے معیارات کی بنیاد پر کوئی تخلیقی تجربہ اعتبار حاصل کرتا ہے۔ اس ناول میں انھوں نے ان معیارات کا لحاظ رکھا اور اردو کو ایک بہتر سطح کی کہانی میسر آئی۔ اس ناول پر داد دیتے ہوئے خیال آتا ہے، وہ جو کہا گیا ہے کہ آسودہ رہنے کی خواہش مار گئی ورنہ، آگے اور بہت آگے جاسکتا تھا میں، اس امر کا اطلاق بجا طور مستنصر حسین تارڑ پر ہوتا ہے۔

دیکھا جائے تو "بہاؤ" کی کہانی، کردار اور سچویشنز سب کے سب کسی قدر ادق ہیں۔ ان میں وہ مسالا نہیں ہے جس سے عامۃ الناس کے لطف کا سامان ہوسکے۔ خاص طور سے بیانیہ اور زبان کا اسلوب ذرا غور طلب ہے۔ قاری اسے بیڈ ٹائم اسٹوری کے طور پر نہیں پڑھ سکتا۔ اس ناول کو غنودگی لانے اور رومانی خواب دکھانے والی کتابوں میں نہیں رکھا جاسکتا۔ اس میں قہقہے کو اکسانے والی باتیں ملتی ہیں اور نہ ہی تفننِ طبع کا سامان کرنے والے کردار نظر آتے ہیں۔ اس کے بجائے قاری کو اس کی قرأت میں ذہن کو حاضر اور

دل کو متوجہ رکھنا پڑتا ہے۔ اس کا مطلب یہ نہیں کہ اس ناول میں مصنف نے کرداروں اور مناظر کو چیستان بنانے کی کوشش کی ہے۔ ایسا نہیں ہے۔ البتہ یہ ضرور کہا جائے گا کہ اس ناول کے کردار دبیز ہیں جو تارڑ کے ناولوں کے اکثر اکہرے کرداروں سے بہت مختلف ہیں۔ اس لیے ان کرداروں کا ماجرا بھی الگ ہے۔ ورچن، سمرو، ڈورگا، پورن، پکلی، نندی، ناگری، مامن دھروا، یعنی اس ناول میں کتنے ہی ایسے کردار ملتے ہیں جو آپ کو اپنے مسئلے میں الجھا لیتے ہیں اور آپ کی توجہ خود سے ہٹنے نہیں دیتے 151 اور پاروشنی توخیر ایسا کردار ہے جو تا دیر حافظے میں زندہ رہنے کی قوت اور جواز رکھتا ہے۔

دیکھنا چاہیے کہ آخر وہ کیا شے ہے جو "بہاؤ" کو مستنصر حسین تارڑ کے دوسرے ناولوں سے الگ کرتی اور ایک جاذبِ توجہ تخلیقی نگارش کے درجے میں لاتی ہے۔ یہ ذرا غور طلب معاملہ ہے۔ اس لیے کہ اس کا انحصار کسی ایک بات پر نہیں ہے۔ جیسا کہ ابھی کہا گیا، اوّل تو یہی ہے کہ اس کے کردار اکہرے نہیں ہیں، بلکہ تہ داری اور دبازت رکھتے ہیں۔ اُن کی ظاہری یا خارجی زندگی کے ساتھ ساتھ کہانی میں بہت سلیقے اور اہتمام سے باطنی یا داخلی زندگی کا ایک رُخ بھی ابھارا گیا ہے جو صرف انھی کو نہیں، بلکہ اُن کے سماج کو بھی سمجھنے میں مدد دیتا ہے۔

دوم یہ کہ ایسے عناصر کو کہانی میں فنی پختگی کے ساتھ سمویا گیا ہے جو وقت اور تقدیر کی عمل داری کو قابلِ فہم بناتے ہیں۔ یہ کام دونوں سطحوں پر کیا گیا ہے، یعنی افراد اور سماج۔ اس سے کہانی میں وہ پہلو پیدا ہوتا ہے جو اُسے تفریحِ طبع کے درجے سے اٹھا کر فکر کو مہمیز دینے والی نگارشات میں لے آتا ہے۔

سوم یہ کہ فطرت کی اُن منہ زور قوتوں کو بھی کہانی کے ڈسکورس کا حصہ بنایا گیا ہے جن سے سماج ہم آہنگ ہو کر اگر انھیں اپنے تصرف میں نہ لائے تو وہ تعمیر کو چھوڑ کر

تخریب کا ذریعہ بن جاتی ہیں۔ ناول میں اس کی سب سے نمایاں مثال سندھو گھاگھرا ہے۔ بڑے پانیوں کے انتظار میں آلکس سے بیٹھے رہنا اور بستی کا دریا سے یا دریا کا بستی سے رُوگرداں ہوتے چلے جانا جہاں ایک طرف تقدیر کے اشارے کو ظاہر کر رہا ہے، وہیں دوسری طرف اُن اسباب کو بھی واضح کر رہا ہے جو بقا اور ارتقا کی راہ کے مسدود ہونے کا ذریعہ بنتے ہیں۔ تب انحطاط اور زوال ناگزیر ہو جاتا ہے۔ چہارم یہ کہ کہانی ایک مستحکم بیانیے کے ساتھ سفر کرتی ہے۔ کہانی کار اپنے قاری کو پکڑے رکھنے کے لیے اُس میں مصنوعی آرائش کا اہتمام نہیں کرتا۔ پنجم یہ کہ بے شک ہنسی مذاق زندگی کا حصہ ہے، لیکن زندگی کو محض ہنسی مذاق سمجھنا ہرگز درست نہیں، یا اُس کے سنجیدہ مسائل اور عوامل کو ٹھٹھول میں اڑا دینا تخلیقی تجربے کی معنویت ہی میں تخفیف نہیں کرتا، بلکہ اُس کے ابلاغ کی راہ میں بھی مزاحمت پیدا کرتا ہے۔ اس ناول میں تارڑ نے اُس غیر ضروری اور متانت سے عاری مزاح سے بھی گریز کیا ہے جو "راکھ"، "قلعہ جنگی" اور "اے غزالِ شب" کے سنجیدہ مقامات اور اہم کرداروں تک کو گزند پہنچاتا نظر آتا ہے۔

ایسے ہی کچھ اور پہلوؤں کی نشان دہی مزید کی جا سکتی ہے، لیکن بات طول کھینچ رہی ہے، اور پھر یہ کہ جن نکات کی جانب توجہ مبذول کرانا مقصود تھا، اِن اشاروں میں وہ آچکے ہیں۔ سو اب ہم اس ناول کی بابت آخری نکتہ بیان کر کے بات پوری کرتے ہیں۔ معلوم نہیں کہ یہ دانستہ عمل ہے یا پھر ایسا لاشعوری سطح پر ہوتا ہے، لیکن ہم دیکھتے ہیں کہ تارڑ کے ناولوں میں ایک سیاسی بیانیہ راہ پالیتا ہے۔ اکثر و بیشتر یہ بیانیہ اُن کے یہاں islolated content کے طور پر ناول میں نظر آتا ہے۔ وہ ناول میں تو ہوتا ہے، لیکن ناول کے Grand Narrative سے اس کا کوئی بہت علاقہ نہیں ہوتا۔ چناں چہ کرداروں اور کہانی پر اُس کا کوئی اثر نظر نہیں آتا۔ وہ اگر نہ بھی ہو تو کہانی کی معنویت متاثر

نہیں ہوگی۔ "بہاؤ" میں ایسا کوئی سیاسی بیانیہ نہیں ہے۔ یہاں تخلیق کار کی تمام تر توجہ زندگی کے کھرے تجربے اور حیات و کائنات کے حقیقی سوالوں پر مرکوز رہی ہے۔ حالاں کہ اس ناول میں سیاست بگھارنے کا موقع با آسانی نکل سکتا تھا۔ اس لیے کہ یہاں ترقی پذیر اور زوال آمادہ دونوں سماج نہ صرف موجود ہیں، بلکہ ایک دوسرے کے مقابل معنویت کا ایک وسیع تناظر قائم کرتے ہیں۔

اس کا مطلب یہ نہیں ہے کہ سیاسی بیانیہ ناول کے لیے شجرِ ممنوعہ ہوتا ہے۔ ایسا نہیں ہے۔ کسی بھی ناول میں سیاسی بیانیے کی گنجائش، بلکہ ضرورت پیدا ہو سکتی ہے۔ جدید فکشن میں تو ہم دیکھتے ہیں کہ بیشتر بڑے ناولوں میں کسی نہ کسی سطح پر سیاسی بیانیہ ضرور داخل ہو جاتا ہے۔ ہمارے یہاں اردو میں بھی کتنے ہی ایسے ناول ہیں، جن میں سیاسی بیانیہ نہ صرف نظر آتا ہے، بلکہ کہانی کی سمت اور کرداروں کی ابتلا کی تفہیم کا ذریعہ بنتا ہے۔

مثال کے طور پر "اداس نسلیں"، "آگے سمندر ہے"، "آخرِ شب کے ہم سفر"، "خوشیوں کا باغ" اور "فائر ایریا" کو دیکھا جائے تو کہانی اور کرداروں کی معنویت کے تعین میں سیاسی جہت کی اہمیت سے انکار نہیں کیا جا سکتا۔ گویا سیاسی بیانیہ تخلیقی تجربے میں راہ پا سکتا، بلکہ بعض اوقات ناگزیر ہو جاتا ہے، جیسا کہ مذکورہ بالا ناولوں میں ہم دیکھتے ہیں۔ البتہ تارڑ کے ناولوں میں سیاسی بیانیہ کہانی کے ڈسکورس کا اس طرح حصہ نہیں بن پاتا کہ جزوِ لازم محسوس ہو اور اس کی معنویت کو فروغ دے۔

اب جہاں تک بات ہے زندگی کے تجربے کی، اسے "بہاؤ" میں لطیف اشاروں سے ابھارا گیا ہے۔ نقادوں کی عمومی رائے یہ ہے کہ اس میں ہزاروں سال پہلے کی تہذیب یا سماج کی زندگی اور اس کے زوال کو موضوع بنایا گیا ہے۔ اس ضمن میں تارڑ کو تہذیبوں پر تحقیق کی داد ہی نہیں دی گئی، بلکہ اُس زبان کی بھی بہت ستائش ہوئی جو اس ناول کے کردار

بولتے ہیں۔ ٹھیک ہے، اگر کوئی مصنف ناول لکھنے سے پہلے موضوع کی تحقیق کا ہوم ورک ضروری سمجھتا اور کرتا ہے تو اچھی بات ہے، لیکن جیسا کہ پہلے کہا گیا کہ تحقیق کے نام پر کسی ناول کے لیے کوئی داد نہیں ہوسکتی۔ داد تو اُس تخلیقی تجربے کی دی جاتی ہے جو قاری کے احساس پر اثر انداز ہوتا ہے۔ یہ ہے وہ شے جس کی فکشن نگار اپنی کہانی میں جمالیاتی تشکیل کرتا ہے۔ یہ جمالیاتی تشکیل زندگی کے بارے میں ہمارے وژن کو، لوگوں کے بارے میں ہمارے رویے کو، کائنات کے بارے میں ہماری رائے کو اور اپنی ذات کے بارے میں ہمارے تصور کو بدلنے کی جتنی بڑی طاقت رکھتی ہے، اتنا ہی وہ ناول اہم اور قابلِ داد ہے۔

رہی بات زبان کی تو کوئی بھی ناول زبانوں کے ارتقا، تغیر یا تشکیل میں کوئی بڑا کردار ادا نہیں کرتا۔ یہ کام اُس سے کہیں بہتر طور پر شاعری کرسکتی ہے۔ ٹھیک ہے، ناول نگار کو زبان کے اسلوب کی داد دی جانی چاہیے، لیکن کسی ناول کی پرکھ کا سب سے اہم معیار زبان نہیں ہوتی۔ خاطر نشان رہے کہ یہ بات خصوصیت کے ساتھ کرداروں کی زبان کے حوالے سے کی جا رہی ہے۔

چناں چہ "بہاؤ" کو تارڑ کی تحقیق اور زبان سازی بڑا نہیں بناتی۔ اس ناول کی اصل داد یہ ہے کہ اس میں تخلیق کار نے فرد سے لے کر سماج تک زندگی کے جو خدوخال ابھارے ہیں، وہ گہری معنویت کے حامل ہیں۔ جس طرح انفرادی اور اجتماعی کردار نگاری کی گئی ہے، وہ اصل میں قابلِ داد ہے۔ تغیر و ارتقا کے عوامل اور قوتوں کو جس طرح زبان دی گئی اور جیسے ان کی صورت گری کی گئی ہے، اُس کے لیے ناول نگار کی ستائش ہونی چاہیے۔

مثال کے طور پر دیکھیے، زوال آمادہ سماج کے کردار ور چن کی سائیکی کو اس میں جس

طرح پیش کیا گیا ہے وہ بیک وقت فرد اور سماج دونوں کی شخصیت کو سمجھنے کا موقع فراہم کرتی ہے۔ اسی طرح ایک موقعے پر ترقی کی راہ پر گامزن سماج کا ایک کردار پورن اُس سے جو کچھ کہتا ہے، وہ ایک فرد کا نہیں، بلکہ وقت کے ایک اصول کا اور کائناتی قوتوں کا کلامیہ ہو جاتا ہے،

تمھارے جسموں میں آلکس ہے اور تمھاری آنکھوں میں نیند ہے اور تمھارے دریا سست ہو چکے ہیں۔ کوئی بھی زمین کا پتر نہیں ہوتا۔ نرا اُس میں پیدا ہو جانے سے وہ تمھاری نہیں ہو جاتی جب تک کہ اس کی خدمت نہ کرو۔ اس کی چاکری نہ کرو۔ (بہاؤ، ص ۶۳)

اسی طرح ایک اور واقعے پر جب ہم غور کرتے ہیں تو اس کے کچھ اور معنی کھلتے ہیں۔ ورچن ترقی کرنے والے سماج میں رہ کر اپنی بستی میں واپس آتا ہے اور پاروشنی اُس کے انتظار میں کسی سے شادی نہیں کرتی۔ وہ آتا ہے تو دونوں کا بیاہ ہو جاتا ہے، لیکن سہاگ رات محبت کے خوابوں کی تعبیر نہیں بن پاتی۔ اس کا احساس پاروشنی کے ساتھ ساتھ ورچن کو بھی ہوتا ہے۔ اس لیے کہ ورچن کے جسم میں وہ طاقت ہی نہیں تھی جو اُن کے جیون میں اور اس رشتے میں روشنی پیدا کرتی۔ اب ذرا دیکھیے، کیا یہ نکتہ صرف ایک فرد کی جنسی کم زوری کا مسئلہ ہے؟ ہرگز نہیں، بلکہ یہ اُس سماج کا اضمحلال ہے جو زوال آمادہ ہے۔ مستنصر حسین تارڑ نے قوتِ حیات کی اس کمی کو لطافت اور باریکی کے ساتھ بیان کیا ہے۔ یوں اضمحلال کا یہ استعارہ فرد سے لے کر سماج تک بامعنی ہو جاتا ہے۔

ڈی ایچ لارنس نے نقاد کے کام کے حوالے سے بات کرتے ہوئے کہا تھا کہ ہم کسی فنی تخلیق پر کوئی محاکمہ یا تنقید کرتے ہیں تو اس کی بنیاد وہ اثرات ہوتے ہیں جو وہ تخلیق ہمارے خالص اور زندہ جذبات پر مرتب کرتی ہے۔ واقعہ یہ ہے کہ مستنصر حسین تارڑ کا ناول "بہاؤ" ہمارے خالص اور زندہ جذبات کو متحرک کرتا ہے، زندگی، وقت اور کائناتی

عناصر کے بارے میں کچھ سوچنے اور ایک نئی نگاہ سے انھیں دیکھنے کا زاویہ فراہم کرتا ہے۔ یہ کام ایک کامیاب ناول ہی کر سکتا ہے۔ چلیے، تارڑ کے پاس کم سے کم ایک ناول تو ایسا ہے۔

※ ※ ※